Richard Lohmann

Unterricht im Segeln

Richard Lohmann

Unterricht im Segeln

ISBN/EAN: 9783954272433
Erscheinungsjahr: 2012
Erscheinungsort: Bremen, Deutschland

© maritimepress in Europäischer Hochschulverlag GmbH & Co. KG, Fahrenheitstr. 1, 28359 Bremen. Alle Rechte beim Verlag und bei den jeweiligen Lizenzgebern.

www.maritimepress.de | office@maritimepress.de

Bei diesem Titel handelt es sich um den Nachdruck eines historischen, lange vergriffenen Buches. Da elektronische Druckvorlagen für diese Titel nicht existieren, musste auf alte Vorlagen zurückgegriffen werden. Hieraus zwangsläufig resultierende Qualitätsverluste bitten wir zu entschuldigen.

Coverfoto: Didi01/pixelio.de

Unterricht im Segeln

von

Richard Lohmann

Segelmeisterschaften auf dem Müggelsee.

SEGELSPORT-BÜCHEREI   Band 1

Unterricht im Segeln

Ein Lehrbuch des Sportsegelns
mit besonderer Berücksichtigung
des Segelns im kleinen Boot

von
Dr. Richard Lohmann

*

5. neubearbeitete Auflage

Mit 110 Abbildungen

RICHARD CARL SCHMIDT & Co.   BERLIN W 62
Verlagsbuchhandlung   Lutherstr. 14

Inhalt.

Einleitung 9
  I. Der wirkliche Wind
    1. Windmessung 11
    2. Flaute und Sturm 13
    3. Windstärke und Segelführung 14
    4. Die Bö 16
    5. Windrichtung und Ablenkung 19
 II. Der scheinbare Wind
    1. Wind und Gegenwind 21
    2. Das Erkennen des scheinbaren Windes 22
III. Die Segel
    1. Das einfache Segel 24
    2. Teilung der Segelfläche 27
    3. Die Form der Segel 30
    4. Das Setzen der Segel 33
 IV. Das Ruder
    1. Anordnung des Ruders 35
    2. Wirkung des Ruders 36
  V. Windrichtung und Segelstellung
    1. Vor Wind
      a) Erklärung des Vor-Wind-Segelns 38
      b) Luvgierigkeit und Geigen 39
      c) Beisegel 41
      d) Das Schwert 42
    2. Raumschots
      a) Backstagsbrise 43
      b) Die Segelstellung 44
      c) Ballon und Fock 45
      d) Halber Wind 47
      e) Raumschots bei böigem Wetter 48
    3. Am Winde
      a) Erklärung des Am-Wind-Segelns 52
      b) Die vorwärtstreibende Kraft 52
      c) Höhe am Wind und Abtrift 55
      d) Kreuzen und Wahl der Schläge 55
      e) Windstärke und Windrichtung 59
      f) Am-Wind-Technik bei Flaute und Brise . . 61
      g) Am Winde in Böen 63
 VI. Manöver
    1. Takeln und Abtakeln 66
    2. Loswerfen und Landen 70
    3. Über Stag gehen 76
    4. Schiften und Halsen 78
    5. Reffen und Segelbergen 83
    6. Abbringen 86
    7. Mann über Bord! 88
    8. Kentern 89
VII. Ausweichregeln
    1. Allgemeines 92
    2. Begegnung und Kurskreuzung 94
    3. Überholen 95
    4. Raumgeben bei Kursmarken oder Hindernissen im Fahrwasser 98
    5. Wenden auf Zuruf 101

Aus dem Vorwort zur 1. Auflage.

Das vorliegende Lehrbuch des Sportsegelns ist herausgewachsen aus den Lichtbildervorträgen, die ich in den Jahren 1916/17 im Rahmen des vom Berliner Kleinsegler-Verband veranstalteten Segelunterrichts-Kursus im Berliner Museum für Meereskunde gehalten habe. Ich entspreche einem vielfach geäußerten Wunsche, wenn ich diese Vorträge nunmehr in einer buchmäßigen Überarbeitung, zugleich erweitert und ergänzt, einem größeren Kreise von Anfängern unseres Sportes zugänglich mache...

Die bisherigen Arbeiten, die die gleiche Absicht wie das vorliegende Büchlein verfolgten, litten unter zwei schwerwiegenden Mängeln: sie waren entweder zu dickleibig und durch die Fülle des Gebotenen verwirrend, weil sie in dem Anfänger ganz irrtümlich immer den künftigen Segler auf g r o ß e r J a c h t sahen — oder aber sie begnügten sich, soweit sie das Segeln im k l e i n e n Boot in den Vordergrund stellten, mit feuilletonistischer Darstellung, die dem Anfänger wohl Anregungen, aber keine Systematik gab.

Beide Fehler glaube ich in diesem Lehrbuche vermieden zu haben. Die Darlegungen gehen grundsätzlich vom Segeln im k l e i n e n Boote aus, beschränken sich, wo irgend angängig, auf die Kleinsegelei und geben nur gelegentliche Ausblicke in die Fragen, die für große Jachten allein in Betracht kommen...

Der Verfasser war in der angenehmen Lage, die Zweckmäßigkeit des eingeschlagenen Weges im voraus durch die praktischen Erfahrungen der oben erwähnten Unterrichtskurse erproben zu können. Die Tatsache, daß ein Stamm tüchtiger Segler, die auch in der hohen Schule der Regatta bereits ihr Können gezeigt haben, aus jenen Kursen hervorgegangen ist und selbst die Zweckmäßigkeit der Methode anerkannt hat, hat den Versuch gerechtfertigt. Das gedruckte Wort mag nun an Stelle des gesprochenen, die Illustration an Stelle des Lichtbildes dieselbe Aufgabe weiter zu lösen versuchen...

★

Vorwort zur 5. Auflage.

Wenn jetzt wieder eine neue Auflage notwendig wird, so kann es mit einem einfachen Neudruck nicht getan sein, um so weniger, als die Versuchsfreudigkeit im deutschen Segelsport, insbesondere im Kleinsegelsport, auch unser theoretisches Wissen von Jahr zu Jahr geändert und ergänzt hat. Die stärksten Veränderungen ergaben sich bei der Neubearbeitung naturgemäß im ersten Teil des Buches, der sich mit Form und Wirkung der Segel befaßt, während die Abschnitte IV—VI im wesentlichen unverändert bleiben konnten. Das Wegerecht (Abschnitt VII) ist dem neuen Text der internationalen Wettsegelbestimmungen und der deutschen Ergänzungen aus Gründen der Einheitlichkeit angepaßt und daher dem Wortlaut nach sehr stark verändert, obwohl sachlich nahezu alles beim alten geblieben ist.

Das Bildmaterial habe ich nur dort, wo es seinen Zweck einer Illustrierung der Theorie nicht mehr erfüllte, erneuern zu sollen geglaubt. Es schien mir nicht ratsam, die in jahrelanger Erfahrung als besonders charakteristisch und lehrreich erprobten Bilder lediglich um eines „modernen" Eindrucks willen durch andere zu ersetzen. Im übrigen ist es interessant, wie modern im besten Sinne des Wortes doch gerade die Boote aus den Tagen der ersten zielstrebigen Versuche im deutschen Kleinsegelsport auch heute noch wirken.

Der vielfach an mich ergangenen Anregung, der Erklärung seglerischer Fachausdrücke einen weiteren Raum zu gewähren, bin ich aus wohlerwogenen Gründen auch diesmal nicht gefolgt. Das vorliegende Buch will im S e g e l n unterrichten und muß sich daher, um nicht verwirrend zu wirken, auf die h i e r f ü r nötigen fachlichen Wörter beschränken. Es ist nicht richtig, den jungen Segler gleich mit dem ganzen Ballast der Seglersprache zu bepacken. Wer Ergänzung sucht, findet sie reichlich in den Bänden, die sich mit Bootsbau und -konstruktion beschäftigen, und vor allem in dem Taschenwörterbuch der Sportseglersprache, das unter dem Titel „Wie sagt der Segler?" im gleichen Verlage erschienen ist und das seinem Charakter entsprechend wirklich „vollständig" sein darf.

Dr. Richard Lohmann.

Die „Candida" bei der Segelregatta von Southend.

Einleitung.

Es gibt glückliche Segler, die auf dem Wasser sozusagen groß geworden sind. Ihnen hat Mutter Natur das Segeln gleichsam im Spiele beigebracht; seit dem Tage, an dem sie zum ersten Male Mutters Tischtuch entwendeten und es auf Vaters Angelkahn stolz vorheißten, können sie segeln, haben es tagaus, tagein zwischen Wind und Wasser geübt.

Wir, die wir erst aus Stubenluft und Straßenstaub den Weg zum Wasser gefunden haben, wir haben es ungleich schwerer als sie. Wir kommen nicht darum herum, die Elemente der Segelkunst aus B ü c h e r n zu erlernen. Aber wir haben darum doch eins vor jenen Glücklichen voraus: Wenn wir die Sache am rechten Ende und unter richtiger Leitung anfangen, so lernen wir leichter als sie, g u t zu segeln.

Denn nicht jeder, der auf dem Wasser groß geworden ist, ist dadurch auch zugleich ein guter Segler im sportlichen Sinne geworden. Die Gewohnheit verführt nur zu leicht zur Gleichgültigkeit gegen scheinbare Selbstverständlichkeiten. Das beweist am besten die Fischerbevölkerung an den Küsten, die zwar jeder Gefahr auf dem Wasser zu trotzen vermag, aber für die eigentlichen F e i n h e i t e n des Segelns herzlich wenig übrig hat, obgleich diese ihr doch auch in ihrem Berufe zugute kommen würden. Dem Fischer ist das Segeln eben Handwerk, keine K u n s t, kein S p o r t.

Wir wollen uns auch nicht verhehlen, daß viele, die sich Sportsegler nennen, in ihren seglerischen Kenntnissen und in ihrem seglerischen Können es nicht über eine handwerksmäßige Fertigkeit hinausgebracht haben. Das sind dieselben, die die Nase rümpfen oder die Achseln zucken über das „p a p i e r n e S e g e l n". Unsere besten Segler sind aber samt und sonders auch sehr eifrige und sehr tüchtige „Papiersegler".

Damit soll nicht etwa gesagt sein, daß das Wissen beim Segeln die Erfahrung ersetzt, sondern nur, daß wir auf dem langen Wege praktischer Erfahrungen sehr wohl einen gut gepackten Rucksack voll theoretischer Kenntnisse gebrauchen können. Segeln l e r n e n kann man aus Büchern — S e g e l n lernen nur zwischen Wind und Wasser. Und wer es — so oder so — zum Meister bringt in der Kunst des Segelns, in dem hat auch schon von Jugend auf das Zeug zum echten Segler gesteckt. Es ist hier wie bei jeder anderen Kunst auch: Natürliche Anlage, gründliches Wissen und reiche Erfahrung machen erst gemeinsam den Künstler aus.

Das g r ü n d l i c h e W i s s e n zu vermitteln ist der Zweck dieses Buches.

I. Der wirkliche Wind.

Des Seglers Tyrann ist der Wind. Zwar ist es uns gelungen, durch fortgesetzte Versuche und Erfahrungen uns der Zwingherrschaft zu einem Teil zu entledigen und das Element unseren Zwecken dienstbar zu machen, es in das Joch unseres Willens zu zwingen, aber in Flaute und Orkan spottet der Wind noch immer des Witzes der segelnden Menschheit.

Eine genaue Kenntnis vom Wesen des Windes ist für jeden Segler die unerläßliche Vorbedingung seiner Betätigung.

1. Windmessung.

Daß der Wind benannt wird nach der Richtung, aus der er weht, ist uns von Jugend auf bekannt. Weniger bekannt ist die Bestimmung der Windstärke, die Messung des Windes. Der Segler im Binnenlande mißt die Windstärke mit Hilfe des Anemometers und gibt seine Geschwindigkeit in Sekundenmetern (sec/m oder m/sec) an, d. h. also: er drückt die Geschwindigkeit aus durch die Strecke, die der Wind in 1 Sekunde zurücklegt.

Das Anemometer (Windmesser) ist ein horizontal gestelltes Kreuz von 4 kleinen Halbkugeln, das seine Umdrehungen durch Räder auf ein Zifferblatt überträgt. Wenn man die Zahl der Umdrehungen durch die Sekundenzahl dividiert, so erhält man für eine längere Zeit, also etwa für die Dauer einer Segelwettfahrt, den Weg, den der Wind durchschnittlich in der Sekunde zurückgelegt hat, die Durchschnittsgeschwindigkeit des Windes.

Abb. 1.
Anemometer
der Firma Fueß.

Eine große Verwirrung wird nun dadurch angerichtet, daß man auf See und auf unseren meteorologischen Stationen den Wind nach der sog. Beaufortskala mißt. Dies ist eine von dem englischen Admiral Beaufort erfundene Einteilung aller Windstärken in eine Skala von 0—12, wobei 0 Flaute und 12 Orkan bedeutet.

Man muß also Wind**stärke** (nach der Beaufortskala) und Wind**geschwindigkeit** genau auseinanderhalten.

Die Stärke des Windes kann man an bestimmten Anzeichen annähernd abschätzen. Wir setzen in der folgenden Tabelle die in Sportseglerkreisen im Binnenlande jetzt allgemein übliche Messung, die Wind**geschwindigkeit**, jedesmal neben die Zahlen der Beaufortskala:

Amtliche Bezeichnung des Windes	In Seglerkreisen übliche	Kennzeichen im Binnenlande	Stärke nach Beaufort	Geschwindigkeit in m pro Sek.
Windstille	Windstille	—	0	0
Leise	Flau	Geringe Ablenkung des Schornsteinrauches	1	1—2
Leicht	Leichtwetter, mäßiger W.	Für das Gefühl schon bemerkbar	2	3
Schwach	Flotte Brise, Vollzeugbrise	bewegt Zweige	3	5
Mäßig	Steif	streckt größere Wimpel, bewegt stärkere Zweige	4	7
Frisch	Derb, grob	Für das Gefühl schon unangenehm, bewegt Äste	5	9
Stark	Schwerwetter	heult und pfeift, bewegt Baumstämme	6	11
Steif	sehr schwer	bewegt kräftige Baumstämme	7	13
Stürmisch	Sturm	bewegt die größten Stämme, erschwert das Gehen	8	15
Sturm	Sturm	deckt Dächer ab	9	18
Voller Sturm	Orkan	wirft Bäume um	10	21
Schwerer Sturm	„	schwere Zerstörungen	11	30
Orkan	„	allgemeine Verwüstung	12	50

✴   ✴

2. Flaute und Sturm.

Auf unseren Binnengewässern regiert durchaus die Flaute das seglerische Jahr. Flaute ist aber nicht gleichbedeutend mit Windstille; denn auch an flauen Tagen kräuselt sich hier und da einmal das Wasser, und es gibt auch gelegentlich dann ganz hübsche Brisenstriche von 4 m/sec und darüber. Diese „Sonnenbrisen" machen das Segeln auch bei leichtestem Winde reizvoll, sie wechseln

Abb. 2. Brisenstriche bei flauem Wetter.

mannigfach an Stärke und Richtung, denn sie haben örtliche Entstehungsgründe: einen Wolkenschatten, eine Waldecke am Ufer u. dergl. Auf dem Wasser sieht man dann „Ölflecke" und „Brisenstriche", und die wesentlichste Kunst des Flautensegelns besteht darin, erstere zu meiden und letztere aufzusuchen und auszunutzen.

Auf unserer Abb. 2 sehen wir den Segler in einem Ölfleck liegen, schlaff hängt das Vorsegel, der Stander (das Fähnchen auf dem

Mast) regt sich nicht. Aber hart neben ihm an Steuerbord liegt ein Brisenstreifen, dort würde der Stander auswehen und das regungslose Schiff Fahrt aufnehmen; einen zweiten Brisenstrich erkennt man dicht unter Land, wo gewöhnlich infolge der verschiedenen Erwärmung von Land und Wasser ein leichter Hauch auch an windstillen Tagen zu spüren ist.

Die größten Windstärken sind bei uns im Binnenlande sehr selten. Wenn Bäume entwurzelt werden, wird hier keiner mehr zu segeln versuchen. Gerade in der eigentlichen Segelzeit von Mai bis September sind aber die Tage mit mehr als 10 m/sec Wind beispielsweise zu zählen. So kommt es, daß der Binnensegler häufig dem Laien folgt und den „Kuhsturm" schon bei viel geringeren Windgeschwindigkeiten beginnen läßt. Davor muß man sich gerade als Anfänger hüten, um sich nicht lächerlich zu machen.

3. Windstärke und Segelführung.

Um einen ungefähren Anhalt zu geben, sei gesagt, daß eine durchschnittliche Windgeschwindigkeit von etwa 5—6 m/sec unsern Schwertbooten gerade noch gestattet, ihr volles Zeug zu tragen. Im Rennen wird natürlich das volle Segel noch länger geführt, um auch

Abb. 13. Vollzeugbrise.

die flaueren Windstriche voll ausnutzen zu können. Gute Steuerleute fahren hier auf Brisenbooten bei 7 und 8 m/sec Durchschnittsgeschwindigkeit noch ungerefft.

Dazu gehört allerdings schon eine bewährte Steuermannskunst, und man kann Anfängern dies nicht zur Nachahmung empfehlen. Der Anfänger sei lieber etwas zu vorsichtig als leichtsinnig.

Besonders sei davor gewarnt, vom Ufer aus die Windstärke zu unterschätzen, weil die Brise über Land steht (der Wind „ablandig" ist) oder in der Ab-

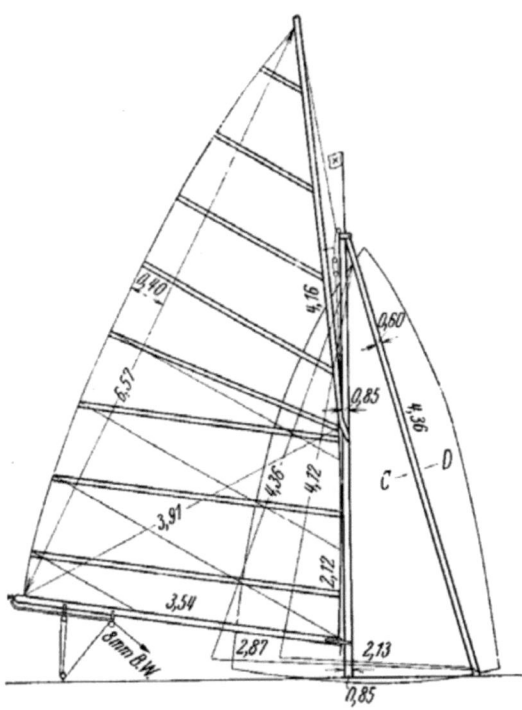

Abb. 4a.
Steiltakelage einer Rennjolle neuesten Typs.
15-qm-Boot „Heinzelmännchen", Entw. R. Drewitz.
Maßstab 1:80.
(Aus: Lohmann-Mewes, Die Segeljolle. Bd. 2 der Segelsport-Bücherei, 7. Auflage 1932.)

deckung durch Häuser und Bäume sich nicht frei entfalten kann. Der erfahrene Segler erkennt schon aus dem Tempo des Wolkenzuges die Windstärke. Der Anfänger tue vorher einen Blick zu freistehenden Bäumen hinauf oder sehe sich den Rauch von Schornsteinen an. Sieht er die Zweige und Äste sich im Winde wiegen, oder wird der Rauch gleich am Essenkopfe horizontal oder gar nach unten gedrückt und dann bald im Winde zerweht, so wird er an das Reffen denken müssen. Hierüber wird weiter unten ausführlicher zu reden sein.

Wie Boot und Wasser an der Grenze der „Vollzeugbrise" aussehen, mag Abb. 3 zeigen.

Der Wind ist in den verschiedenen Höhenlagen nicht gleich stark. Wir wissen alle, daß es auf Türmen und Bergen ganz anders pfeift als auf der Straße und im Tale. Das Jahresmittel beträgt beispielsweise in Paris (21 m über M.) 2,15 m/sec, auf dem Eiffelturm (305 m ü. M.) aber schon 9,4 m/sec. Das kommt

Abb. 4b. Flachtakelage einer 14-qm-„Tourenjolle" alten Typs. Maßstab 1 120.
(Aus: Die Segeljolle, 1. Auflage 1913.)

zum größten Teil daher, daß der Wind am Erdboden durch die Reibung einen Teil seiner Kraft einbüßt. Auch auf dem Wasser tritt dieselbe Erscheinung auf, wenn auch hier die Reibung verhältnismäßig geringer ist. Schon in 4 m Höhe ist der Wind merklich stärker, als dicht über dem Wasserspiegel, und er wächst weiter mit zunehmender Höhe. Ein Boot wird also um so stärkeren Wind treffen, je höher seine Segel stehen. Bei leichtem Winde ist das am höchsten getakelte Boot am schnellsten, Rennsegler bevorzugen daher steile Takelagen und nehmen deren neigende („krängende") Wirkung bei Brise im Vertrauen auf das eigene seglerische Können dafür in Kauf. (S. Abb. 4 a und b.)

4. Die Bö.

Wie man am Lande gern den Wind zu schwach einschätzt, so wird man anderseits auf dem Wasser leicht zur Ü b e r schätzung verführt. Denn da der Wind seine Stärke bei uns im Binnenlande fortgesetzt ändert, so haben bei einer längeren Fahrt regelmäßig kräftigere und flauere Brisenstriche gewechselt. Die kräftigeren, meist weit über die Durchschnittsgeschwindigkeit hinausgehenden Stöße, die B ö e n, lassen den Wind stärker erscheinen, als er in Wirklichkeit ist. Man hat sich daran gewöhnt, diese über das Durchschnittsmaß hinausgehenden Stöße „Böen" zu nennen — im Gegensatz zu dem meteorologischen Sprachgebrauch, der unter Böen keine solchen lokalen Stärkeschwankungen des Windes, sondern die als kurzes Schwerwetter übers Wasser (und über Land) wandernden Windstöße von minutenlanger oder noch längerer Dauer versteht (vgl. „Regenbö" im seglerischen Sprachgebrauch). Wir sprechen vom Anluven „in der Bö", von böigem Winde usw. und meinen mit Bö also jeden über den Durchschnitt hinausgehenden Windstoß.

Diese Stöße folgen bei frischer Brise bekanntlich in kurzen Zwischenräumen und markieren sich auf dem Wasser deutlich durch dunkle, bei ganz schweren Stößen auch weißgekämmte, parabelförmige S t r e i f e n , an deren rechtzeitige Erkennung sich auch der Anfänger verhältnismäßig schnell gewöhnt, wenn er auch zunächst noch nicht die Stärke des Stoßes mit Sicherheit aus der Art der Wasserkräuselung abzuschätzen vermag.

Wichtiger noch ist für den Anfänger die Tatsache, daß v o r jedem solchen derben Stoß eine V e r r i n g e r u n g der Windgeschwindigkeit einhergeht. Manch einer, der ohne theoretische Vorkenntnisse ans Segeln geht, muß diese Erfahrung erst zu wiederholten Malen und unter wiederholten Gefahren machen, bis er hinter die Gesetzmäßigkeit kommt. Und doch ist nichts selbstverständlicher als dies, daß der kräftigere Stoß, der gleichsam durch die Luft geschleudert wird, auf seiner Stirnseite ein Gebiet verringerten Drucks, also einen schwächeren Wind erzeugen muß als den vorher und durchschnittlich wehenden.

Zur Erläuterung dieser Tatsache kann der als Abb. 5 wiedergegebene, ungemein lehrreiche Überblick über das Startfeld vor einer Wettfahrt dienen. Zur Verdeutlichung für diejenigen Anfänger in unserem Sport, die auf dem Bilde nichts „Besonderes" entdecken können, ist in Abb. 6 die Windverteilung auf dem Startfeld sche-

Abb. 5. Böiges Wetter.

matisch dargestellt. Während der Wettfahrt wehte eine durchschnittliche Brise von rund 6 m/sec, wie sie etwa ganz rechts auf dem Bilde im Augenblick des „Knipsens" noch durchgestanden haben mag. Vom Hintergrunde (links) her kommt nun gerade eine „Bö" angefegt, die vielleicht 10 m/sec beträgt, denn die dort segelnden Boote liegen hart über. Den Hauptteil des Bildes aber nimmt das S a u g g e b i e t der Bö ein, das die Windgeschwindigkeit bis auf 4 m/sec oder noch weniger an dieser Stelle verringert. Die im Vordergrunde segelnden Jachten haben diesen der Bö regelmäßig vorhergehenden leichteren Brisenstrich und segeln dementsprechend in scheinbarer Ruhe „spazieren". Der aufmerksame und kundige Steuermann weiß aber gerade aus diesem kurzen und plötzlichen Abflauen, daß ein schwerer Stoß im unmittelbaren Anzug ist, auch wenn er den schwarzen Brisenstreifen auf dem Wasser noch nicht gesehen haben sollte.

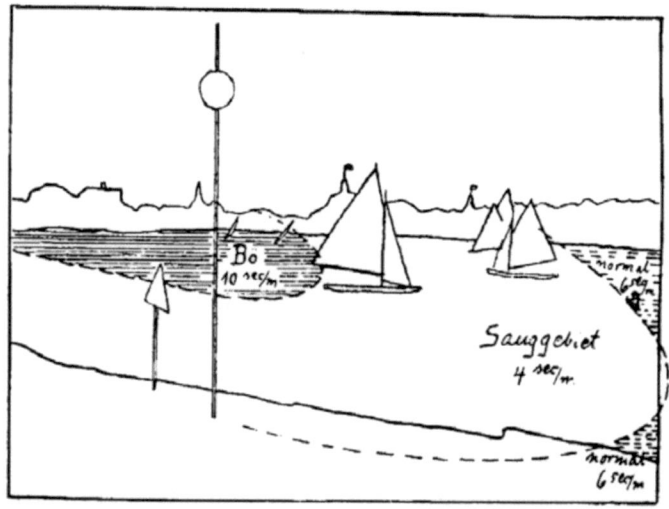

Abb. 6. Schematische Skizze zu Abb. 5.

Die Auffassung, der man in Laienkreisen so häufig begegnet, daß der Wind im allgemeinen k o n s t a n t sei, ist also für unsere Binnengewässer durchaus falsch. Jeder Wind, der leiseste Hauch wie der Sturm, ist mehr oder weniger r i s s i g. Diese Böen bilden die eigentliche Gefahr für den Anfänger und die eigentliche Freude für den wirklichen Segler.

Wir werden auf das Verhalten des Seglers in der Bö im 5. Abschnitt näher eingehen.

5. Windrichtung und Ablenkung.

Die Richtung des Windes ist nicht stetiger als seine Stärke. Zunächst gilt für einen längeren Zeitraum ganz allgemein das sog. Dovesche Drehungsgesetz der Winde. Durch die Erdrotation strömt der Wind den Tiefdruckgebieten spiralig zu. Wenn also, wie bei uns die Regel, ein Maximum im Norden vorüberzieht, so weht der Wind der Reihe nach aus SO., S., SW., W., NW., er dreht sich mit der Sonne. Dies kann man schon im Laufe weniger Stunden meist deutlich beobachten.

Für die Brise unter Land an flauen Tagen, die ja lediglich auf die örtliche Erwärmung und Abkühlung zurückzuführen ist, gilt die Regel, daß vormittags der Wind vom Wasser her zum Lande weht (als Ersatz für die über dem schneller erwärmten Erdboden aufsteigende Strömung); abends ist es umgekehrt. Neben diesen

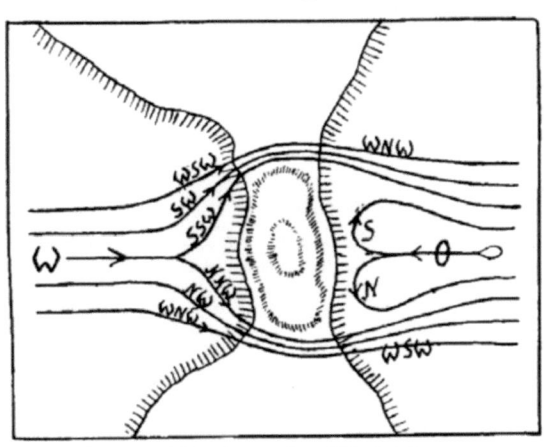

Abb. 7. Ablenkung der Windrichtung.

Richtungsänderungen im großen spielt nun für den Segler die fortgesetzte Änderung im kleinen eine noch wichtigere Rolle. Der Wind weht im Binnenlande niemals stetig aus derselben Richtung, sondern er fällt ab und zu spitzer ein (er „schralt") oder er kommt mehr von achtern (er „raumt"). Diese Abweichungen von der normalen Durchschnittsrichtung sind um so größer, je mehr Hindernisse für den Wind, Berge, Häuser, Bäume, Türme u. dgl., in der Nähe sind.

Bei solchen Hindernissen, wie wir sie im Binnenlande überall haben, treten Erscheinungen auf, die sich viele hundert Meter weit, immer schwächer werdend, fortsetzen und auf die der Segler, der den Wind wirklich ausnützen will, gut achten muß. Dies soll die Skizze 7 erläutern.

Auf den beiden durch eine bergige Landenge getrennten Gewässern weht trotz des durchstehenden Westwindes eine ganz verschiedenartige Brise. Während auf der Stirnseite des Hügels der W-Wind nach SW und NW abgelenkt wird, entsteht auf der Rückseite durch die Saugwirkung sogar ein aus Osten kommender und dann zurückflutender Strich, da der Hohlraum in Wirbeln von dem rückströmenden Winde ausgefüllt wird. Läge dort etwa dicht unter Land eine zu rundende Boje bei einer Wettfahrt, so müßte die Segelstellung fortgesetzt geändert werden, und der Anfänger triebe hier lange herum, von den umspringenden Winden genarrt und geneckt, während der gute Segler auch die leiseste Drehung des Windes blitzschnell auszunutzen versteht. Man muß also b e s t ä n d i g auf die Richtung des Windes achten und darf sich nicht mit der Feststellung begnügen, daß der Wind im allgemeinen aus der oder jener Richtung weht. So derb wie in der erläuternden Skizze pflegen die Ablenkungen natürlich in Wirklichkeit nicht zu sein.

II. Der scheinbare Wind.

1. Wind und Gegenwind.

Solange das Boot keine Fahrt voraus macht, wird der Wind, der auf das Segel wirkt, mit dem tatsächlich wehenden übereinstimmen. Das ändert sich aber sofort, wenn das Boot selbst Fahrt aufnimmt. Denn dann wird durch diese Fahrt, durch die Eigengeschwindigkeit des Bootes ein Gegenwind erzeugt. Jeder weiß, daß die Flagge eines fahrenden Motorbootes bei leichterem Winde nicht die Windrichtung anzeigt, sondern in der Fahrtrichtung, achteraus weht. Das kommt natürlich daher, daß die Geschwindigkeit des Motorbootes größer ist als die Windgeschwindigkeit.

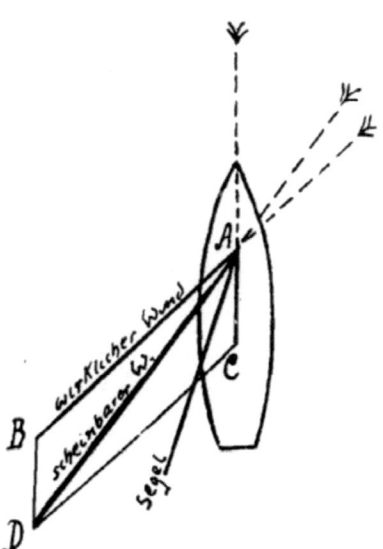

Abb. 8. Der scheinbare Wind.

Dieser Fall kann beim Segelboot zwar niemals eintreten; aber es ist selbstverständlich, daß auch hier die Fahrt einen Gegenwind hervorruft, der mit zunehmender Fahrt auch seinerseits zunimmt. Auf das Segel wirkt also nicht der tatsächliche („wirkliche") Wind, sondern ein Wind, der die Komponente aus dem natürlichen Winde und jenem Gegenwinde bildet und den man zeichnerisch als Diagonale in dem von den beiden Winden gebildeten Parallelogramm der Kräfte darstellen könnte. In der Skizze 8 stellt die Strecke AB den wirklichen Wind nach Stärke und Richtung dar, die Strecke AC den durch die Fahrt erzeugten Gegenwind. Diese beiden Kräfte wirken in verschiedenem Sinne auf das Segel.

Die Gesamtwirkung ergibt sich aus dem konstruierten Parallelogramm der Kräfte, sie ist gleich der Diagonale A D. Die beiden Kräfte — wirklicher Wind und Gegenwind — wirken also z u s a m m e n so, wie wenn eine einzige Kraft, ein einziger Wind in der Richtung und Stärke von A D auf Segel und Boot wirken würde. Man hat diese Komponente, den für das Segeln allein in Betracht kommenden Wind, den „s c h e i n b a r e n" genannt, und wir folgen trotz mancher Bedenken diesem Sprachgebrauch. Wir sehen schon aus dieser Skizze, daß der „scheinbare" Wind, n a c h d e m d i e S e g e l l e i s t u n g e i n z u r i c h t e n i s t, in Richtung und Stärke von dem wirklichen Winde sehr erheblich abweichen kann (er kommt in diesem Beispiele mehr von vorn ein, ist „spitzer" als der wirkliche Wind und wesentlich stärker).

Abb. 9. Der Blick nach dem Stander.
(Start zu einer der ersten Berliner Jollenregatten 1910.)

2. Das Erkennen des scheinbaren Windes.

Die Frage, die den Segler während der Fahrt unausgesetzt beschäftigt, ist deshalb die nach der Richtung (und Stärke) des Windes. d. h. des s c h e i n b a r e n Windes, des auf sein Segel wirkenden Windes, nach dem er seine Segel einzustellen hat. Der einzig einwandfreie Anzeiger dieses Windes ist ein störungsfrei aufgehängter, ganz leichter viereckiger S t a n d e r (Fähnchen auf dem Mast). Für feines Segeln genügt der noch immer nicht ausgestorbene dreieckige Klubstander aus Baumwollstoff keineswegs, und man sollte sich endlich entschließen, ihn grundsätzlich durch einen viereckigen Seidenstander zu ersetzen, wie dies die Rennsegler seit zwei Jahrzehnten einheitlich und mit bestem Erfolg getan haben. Stander aus gröberem Stoff wehen bei Flaute nicht leicht genug aus, dreieckige Stander geben mit dem unruhigen Hin- und Herschlagen ihres Zipfels die Windrichtung nicht sicher und fein genug an. Der Stander muß frei von Gaffel und Hahnepot wehen, bei modernen Steilpiektakelagen gehört dazu ein sehr langer oder ein rechtwinklig nach vorn gebogener Standerstock. Den Stander auf der Gaffelnock*) zu fahren, kann ich dem Anfänger nicht empfehlen, da die Standveränderung der Gaffel nach meinen Erfahrungen zu Irrtümern in der Feststellung der Windrichtung führt. (Vgl. hierzu auch die Bemerkungen auf Seite 60/61.) Ebensowenig sollte sich der Anfänger an die ins Want gebundenen Seidenbändchen (Zigarrenbänder) gewöhnen, da sie bei Brise die Windrichtung nicht sicher genug und nur für die unterste Segelpartie korrekt angeben, er orientiere sich bei voller Flaute, wenn auch der dünnste Seidenstander keine Miene mehr macht auszuwehen, lieber mit Hilfe des Zigarren- oder Pfeifenrauchs. Später, wenn man gegen primitive Irrtümer gefeit ist, ist gegen die Hilfe solcher Bändchen, namentlich auf Flautenregatten, nichts einzuwenden. Die Hauptsache ist, daß sich der junge Segler erst einmal daran gewöhnt, sich grundsätzlich an seinem S t a n d e r zu orientieren, was kurioserweise in der Frühzeit des Rennsegelsports verpönt war und wovor noch vor 20 Jahren Lehrbücher des Segelns als laienhaft warnen zu müssen glaubten.

A n d e m h ä u f i g e n B l i c k n a c h d e m S t a n d e r e r k e n n t m a n d e n g u t e n S e g l e r. Abb. 9 zeigt den Start zu einem Rennen kleiner Boote aus jener Zeit, in der die Segler auf kleinem Boot eben begannen, segeln zu lernen. Der beste Steuermann sitzt auf der Jolle ganz im Vordergrunde; ihn kümmert nicht die mehr oder weniger interessante Konkurrenz, nicht sein Platz im Start, sondern nur sein Stander, und mit dessen Hilfe wird er wenige Minuten später weit vor dem ganzen Felde liegen.

---

*) Nock = äußerstes Ende.

III. Die Segel.

1. Das einfache Segel.

Die einfachste Form des Sportsegels ist die Luggertakelung, weil das Luggersegel nur mit einem Fall vorgeheißt wird. (Vgl. Skizze 10.) An der Gaffel (der oberen Spiere) ist ein Stropp (eine Öse aus Tauwerk) angebracht; diese wird in einen Haken gehängt, der an einem Ring befestigt ist. Der Ring („Wanderring") wird, um den Mast greifend, mittels des „Falls" bis zum Top hinaufgezogen. Der Baum (die untere Spiere am Segel) wird mit einem kurzen Ende, das man „Halstalje"*) nennt, nach unten geholt.

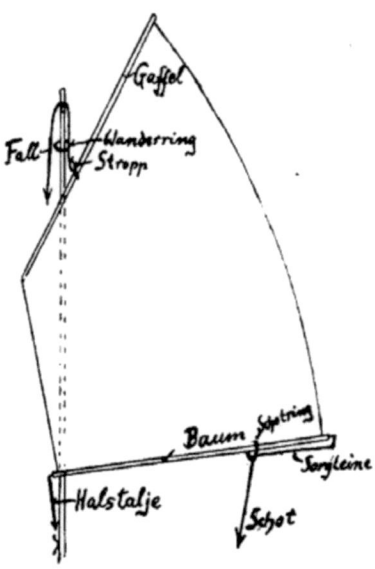

Abb. 10. Luggersegel.

Das Einfachste ist für den Neuling das Beste; darum kann diese Takelungsform jedem Anfänger durchaus empfohlen werden. Sie hat nur den einen Nachteil, daß das Luggersegel von einem Mann schwer zu bergen ist, falls es einmal gilt, das Segel schnell wegzunehmen. Denn da der Wanderring fest am Mast sitzt, so kann man das Fall und damit das Segel nur bis zu einem gewissen Punkte fieren (herunterlassen), und hierbei stellt sich die Gaffel, von dem Zug nach unten befreit, quer. Nun muß man nach vorn gehen, den Stropp aushaken und die Gaffel mit der Hand ins Boot holen,

---

*) Hals heißt das vordere Ende des Baumes, Talje ist ein kurzer Flaschenzug.

was bei steifer Brise nicht ganz so einfach zu bewerkstelligen ist, wie es sich vielleicht liest.

Für denjenigen, der auch auf f e i n e s Segeln Wert legt, hat das Luggersegel noch einen weiteren Nachteil.

Wenn man wirklich die volle Kraft des Windes ausnutzen will, so muß man dafür sorgen, daß der Wind ohne jeden unnötigen Widerstand in den für ihn günstigsten Kurven am Segel entlangströmen

Abb. 11. 10-qm-Jolle mit Luggertakelung.

kann. An der Stelle, wo das Luggersegel gegen den Mast liegt, bildet sich aber natürlich eine kleine Unebenheit, die den ganz glatten Stand des Segels beeinträchtigt. Diese Einbuße an Schnelligkeit kommt allerdings nur für den Rennsegler in Betracht. Abb. 11 zeigt eine der erfolgreichsten 10 qm-Rennjollen des früheren Berliner Kleinsegler-Verbandes mit Luggertakelung (1919/20).

Will man die erwähnten Nachteile des Luggersegels vermeiden, so muß man zum Gaffelsegel, zur C a t - T a k e l u n g greifen*). (Vgl. Abb. 12.)

---

*) Von der gaffellosen Takelung („Hochtakelung") sprechen wir weiter unten S. 30.

Hier wird die Gaffel mittels z w e i e r Falls vorgeheißt. Die Gaffel selbst liegt nicht mehr seitlich gegen den Mast an, sondern greift mit einer Klau um ihn herum. Daher heißt das hier angreifende Fall „K l a u f a l l", während das an der Spitze (Nock, Piek) angreifende das „P i e k f a l l" genannt wird. Dieses wird in der Regel nicht an der Gaffel unmittelbar befestigt, sondern mittels einer Drahtausspreizung, die nach ihrer Form „Hahnenfuß", „H a h n e p o t" genannt wird. Der richtige Stand des Catsegels wird durch das Piekfall ausschlaggebend beeinflußt; das Piekfall muß so weit durchgesetzt (gestreckt) werden, bis das Segel deutliche Falten, die von der Nock aus nach unten laufen, zu werfen beginnt. Um dem Segel dauernd guten Stand zu verleihen, bringt man auch bei dem Catsegel zweckmäßigerweise eine Halstalje an, da sonst der Baum dem Winddruck nachgibt und sich nach oben schiebt.

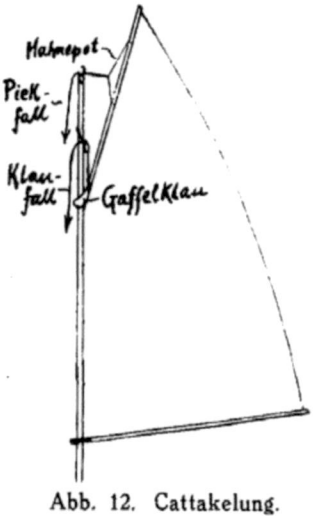

Abb. 12. Cattakelung.

Von einer gewissen Segelfläche an wird das einfache Segel zu unhandlich, es läßt sich bei steifer Brise nicht mehr von einem Mann regieren. Dem kann man abhelfen, indem man die Schot, d. h. das am Baum befestigte Ende, mit dem man das Segel dicht holt, über mehrere Blöcke laufen läßt, mehrfach „s c h e r t"*) Das hat aber natürlich seine Grenze, weil man sonst das Segel nicht schnell genug loswerfen, „fieren" kann.

---

*) „s c h e r e n" bedeutet ursprünglich nichts anderes als „b e w e g e n". (Diese Grundbedeutung ist so verschiedenartigen Wörtern wie Schere, scher dich weg, Feldscher usw. gemeinsam.) Der Segler nennt den Flaschenzug „S c h e r z e u g".

Abb. 13. Einst: 15-qm-Jollen mit Cattakelung (1913).

2. Teilung der Segelfläche.

Bei größeren Booten und Jachten ist man daher gezwungen, die Segelfläche zu t e i l e n. Die Grenze, bei der ein Mann ein ungeteiltes Segel mit einer einfach geschorenen Schot noch in jedem Wetter regieren kann, liegt bei 20 qm. Man hat, namentlich in Amerika, vielfache Versuche mit noch erheblich größeren Catbooten, bis zu 50 qm Segelfläche hinauf, gemacht. Es hat sich aber ergeben, daß die Catboote schon bei einigem Winde keinerlei Vorteile mehr gegenüber den als Slup getakelten haben. Bis vor wenigen Jahren schien es, als ob sich mindestens bei den 10- und 15 qm-Jollen die Cattakelung endgültig durchsetzen würde. Neuerdings ist man aber bei den Rennjollen schon von 10 qm an

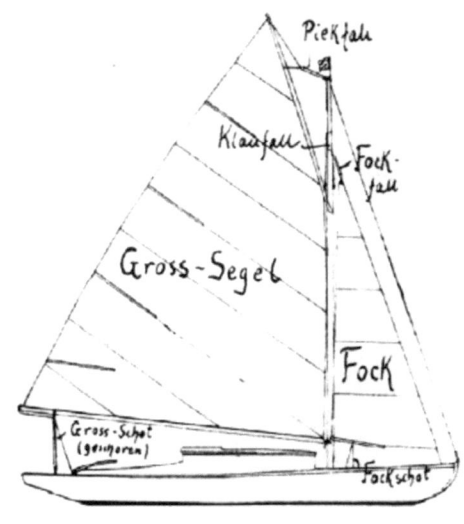

Abb. 14. Takelungsskizze der Slup.

wieder zur Slup zurückgekehrt. Die Slup teilt die Segelfläche in Großsegel und Vorsegel (Fock), durchschnittlich in einem Verhältnis von etwa 4 : 1. Die Rennboote halten aus Vermessungsgründen das Vorsegeldreieck (den Raum zwischen Mast und Vorstag) möglichst

Abb. 15. Der Übergang: 20-qm-Jollen mit Slup- und Cattakelung.

klein, lassen aber neuerdings das tatsächliche Vorsegel ganz erheblich nach achtern über den Mast hinausreichen.

Die Slup hat bereits 3 Falls: P i e k - und K l a u f a l l für das Großsegel, und F o c k f a l l.

Abb. 16. Kutter im Rennen.

Abb. 17. Yawl (Besankutter).

Eine noch weitere Unterteilung ergibt den K u t t e r, die Takelung der größeren Sportjachten, namentlich der Kreuzer. Die volle K u t t e r t a k e l a g e (Abb. 16) weist G r o ß s e g e l und T o p s e g e l und eine dreifache Teilung der Vorsegelfläche in F o c k (vom Steven ausgehend), K l ü v e r (vom Bugspriet*) ausgehend) und F l i e g e r (im oberen Vorsegeldreieck schwebend) auf.

Bei den größten Jachten tritt nun noch eine weitergehende Teilung der Großsegelfläche ein. Die Y a w l führt neben dem Großsegel ein kleineres, über das Heck hinausragendes Segel, den Besan, auch Treiber genannt.**) Wenn dieses Segel so groß wird, daß man den Mast vor das Ruder setzen muß, so erhält man die K e t s c h. Wächst dieses Segel nun noch weiter, so daß es schließlich das bisherige Großsegel an Fläche übertrifft, so entsteht der S c h u n e r.

Abb. 18. Schunerjachten im Rennen.

*) = Bugspreize, auch K l ü v e r b a u m genannt.
**) Diese Takelung findet man auch auf ranken Sportruderbooten und den älteren Segelgigs, die keine hohen Segel tragen können. (Näheres hierüber in Band IV der Segelsport-Bücherei.)

3. Die Form der Segel.

Die internationalen Wettkämpfe, namentlich mit amerikanischen Jachten, sowie die Versuche im Flugzeugbau haben in den letzten beiden Jahrzehnten tiefgreifende Veränderungen und Verbesserungen in der Form der Segel auch in unserem konservativen deutschen Segelsport veranlaßt. Zunächst kann als erwiesen gelten, daß eine möglichst lange Eintrittskante des Windes, also eine mög-

Abb. 19. Hochgetakelte 10-qm-Jolle mit gebogenem Mast.

lichst lange Vorderkante des Segels von Vorteil ist. Dies hat zu den Versuchen mit dem gaffellosen Großsegel geführt, jener Takelung, die man anfangs wegen der vielen Drahtversteifungen scherzhaft Markonitakelage, wegen ihres hohen Mastes noch scherzhafter Makkaronistange genannt hat. Es hat sich dafür endgültig der Name „Hochtakelung" durchgesetzt.

Die Vorzüge und Nachteile dieser Takelungsform halten sich die Waage. Die ersten schwärmerischen Anhänger der Hochtakelung vor dem Weltkriege wurden durch die Tücke des Objekts sehr bald enttäuscht, denn die einfache Handhabung des Segels mit nur einem Fall wurde mehr als ausgeglichen durch die Schwierigkeiten der Gleitvorrichtung am Mast, und der Stand des Segels wurde durch das schmale Dreieck im Top recht ungünstig beeinflußt. Nach der ersten Enttäuschung aber setzten namentlich von Skandinavien her neue Versuche mit gaffellosen Takelagen ein, die uns den gebogenen Mast („Peitschenmast") und geschickte Gleitvorrichtungen für die Vorliek brachten. Sie haben bis heute die Hochtakelung wieder für ganze Rennklassen als allgemein gültig durchgesetzt. Aber noch immer kämpft das Gaffelsegel mit langer, steilstehender (z. T. auch gebogener) Gaffel auch im Rennsegelsport gegen die Hochtakelung an. Und ohne prophezeien zu wollen, darf man sagen, daß das Gaffelsegel neben der Hochtakelung wohl seinen Platz behaupten wird — bei den größeren Jollen hat es sich bereits wieder auf der ganzen Linie durchgesetzt. Und im Wandersegelsport wird es ohnehin nicht zu verdrängen sein.

Der Streit um die Hochtakelung hat das eine Erfreuliche gezeitigt, daß sich das Interesse der praktischen Segler wieder mehr als früher dem Segel, seiner Form, seinem Schnitt und seinem

Abb. 20. Neuzeitliche Takelage eines kleinen Jollenkreuzers.
(Gebogener Mast, stark gerundete Achterliek, durchgehende Spreizlatten, großes Vorsegel.)

Stand zugewandt hat. Ganz allgemein darf der Satz gelten: Sage mir, wie dein Segel sitzt, und ich will dir sagen, was du für ein Segler bist!

Es gab einmal eine Zeit, da erkannte man das Sportsegel an seinem flachen Schnitt: „wie ein Brett" sollte es stehen. Die Amerikakämpfe in den letzten Jahren vor dem Kriege brachten dann das bauchig geschnittene Segel, dessen theoretische Begründung die ersten Versuche des beginnenden Flugwesens geliefert hatten. Zwei Jahrzehnte haben es zu immer größerer Vervollkommnung geführt, in den letzten Jahren ist man sogar bei Rennbooten wieder zu dem bereits früher des öfteren unternommenen Versuch zurückgekehrt, die als besonders günstig erkannte Form durch lange, das ganze Segel durchziehende Spreizlatten festzulegen. (S. Abb. 4a.)

Der Anfänger meint häufig, der gute Stand des Segels sei lediglich Sache des Segelmachers, und er verkennt, daß solch ein Segel kein in der Form fertiges Stück Stoff, sondern gleichsam ein l e b e n d i g e s W e s e n ist, ein werdendes Ding, aus dem erst unter der Hand des Seglers etwas wird, etwas Gescheites oder etwas Verpatztes. Ein Segel will erzogen sein wie jedes junge, werdende Wesen; ein warmes Herz und eine geschickte Hand können auch aus dem ungeratenen Kinde des Segelmachers unter Umständen noch ein brauchbares Glied in der Gesellschaft der beschwingten Brüder machen, und eine lieblose Erziehung kann das hoffnungsvollste Erzeugnis zu einem nichtswürdigen Gesellen verlottern lassen.

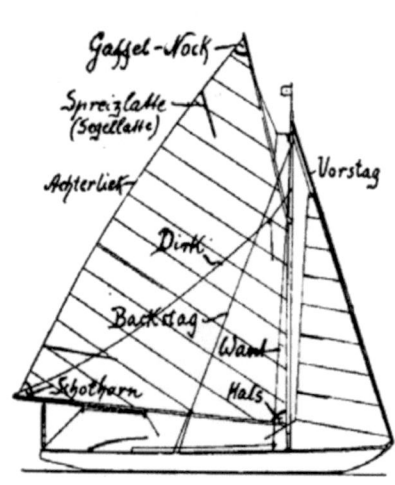

Abb. 21. Takelungsskizze.

Beim Anschlagen eines neuen Segels ist darauf zu achten, daß das Segel n i c h t k ü n s t l i c h g e r e c k t werden darf. Man legt zunächst den H a l s des Segels fest, indem man das in der Kausche eingespließte Ende am Baum festzurrt. Dann holt man das am S c h o t h o r n eingespließte Ende durch das Loch im Baum ein- bis zweimal hindurch, wodurch man eine Art Talje erhält, mittels deren man die Liek des Segels ganz leicht ausholen kann. Hierbei darf keinerlei Gewalt angewandt werden, die Liek des Segels wird nur leicht steif geholt, so viel, als sie f r e i w i l l i g h e r g i b t. Besser, zu lose anschlagen als zu stark recken!

Nun wird bei einem neuen Segel die im ersten Gatchen*) vorn eingesplißte Marlleine ganz einfach von Gatchen zu Gatchen um den Baum geschlungen und am Schothorn festgelegt. Bei der Gaffel verfährt man genau wie beim Baum. Im Rennsegelsport ist die Marlleine allmählich ausgestorben, das moderne Rennsegel gleitet mit seinen Lieken in einer Nut der Spieren, weil dadurch ein noch einwandfreierer, glatterer Stand erzielt wird.

4. Das Setzen der Segel.

Bei jedem Segelsetzen auf kleineren Booten ist zunächst der Mast nach vorn zu trimmen: je frischer die Brise, um so kräftiger. Dies geschieht bei Catbooten, indem man das Vorstag**) dichtholt — das Vorstag sollte also zu diesem Zweck nicht mit einem Wantenspanner, sondern mit einem Strecker (einem über 2 Blöcke laufenden Ende) versehen sein. Bei slupgetakelten Booten läßt man das Vorstag lose und trimmt den Mast mit Hilfe des Fockfalls nach vorn. Bei frischer Brise muß der Mast einer richtig getakelten Jolle ganz erheblich nach vorn durchgebogen sein; diese Biegung

Abb. 22. Schlecht gesetztes Segel. (Falten von der Gaffelklau ausgehend statt von der Gaffelnock.)

---

*) Gatchen sind die mit Messing eingefaßten Löcher an der Liek des Segels.
**) Stag heißt jedes, den Mast nach vorn oder achtern stützende Drahttau (Stag bedeutet Stütze, vgl. das hochdeutsche Steg). Wir sprechen also von Vorstagen und Backstagen. Back heißt hinten. Die Bezeichnung Backbord für die linke Schiffsseite stammt daher, daß der Steuermann ihr in früheren Zeiten seine Hinterfront zuwandte. — Wanten (Einzahl: das Want oder die Wante) heißen die vom Masttop seitlich nach unten führenden Drahtstützen. Die Wanten bleiben bei jeder Windrichtung während der Fahrt fest, die mehr nach achtern führenden Backstagen werden nur bei raumem Winde belegt.

wird durch den Druck des Segels während der Fahrt von selbst aufgehoben.

Bei einer Slup beginnt man also das Takeln mit dem Setzen der Fock, weil das Fockfall bei bereits stehendem Großsegel schwerer zu strecken ist*). Eine Fock, die nicht steif gesetzt ist, bildet aber einen Anblick des Jammers und verfehlt ihren Zweck, ein Fortbewegungsmittel zu sein. Die neuesten Rennboote sind sogar dazu übergegangen, die Fock in der Nut eines hölzernen Vorstags zu fahren, das zwei Fliegen mit einer Klappe schlägt, indem es zugleich als Maststütze dient und daher die in ihrer Bedienung nicht gerade bequemen Backstage überflüssig macht.

Abb. 23. Richtige Stellung der Gaffel beim Segelsetzen und -bergen.

Beim Großsegelsetzen wird zunächst das Piekfall so weit angeholt, daß die Gaffel in leichter Schrägung steht, und dann werden Piek- und Klaufall gemeinschaftlich Hand über Hand vorgeheißt**). Klaufall wird belegt, Piekfall so steif durchgesetzt, daß das Segel Falten von der Gaffelnock her zu werfen beginnt (bei frischer Brise kräftige Falten, bei leichtem Winde nur eben angedeutete), dann wird auch Piekfall belegt und nun noch zur vollständigen Streckung der Vorliek die Halstalje steifgesetzt. Die Regulierleine in der Achterliek des Segels wird ganz lose belegt und nur fester geholt, falls im Verlaufe der Trimmfahrten die Achterliek zu killen beginnt.

---

*) Wir sprechen hier durchweg vom kleinen Boot. Auf großen Jachten pflegt man das Großsegel zuerst zu setzen. Für kleine Boote ist dies aus den angeführten Gründen auf keinen Fall zu empfehlen.

**) Bei größeren Takelagen genügt nicht der Zug nach unten, man muß dann den Tampen fest am Belegnagel halten und das Fall horizontal vom Mast weg reißen, um es ruckweise in die Höhe zu bringen.

IV. Das Ruder.

1. Anordnung des Ruders.

Das Ruder — der dem Laien geläufigste Ausdruck „Steuer" wird vom Segler fast niemals gebraucht — ist auf unseren kleinen Booten gewöhnlich und zweckmäßig über Heck angeordnet. Durch Anbringung einer drehbaren Platte kann man dieses Ruder leicht aufholbar machen (Senk- oder Fallruder), was beim Landen und beim Segeln in Flaute sehr erwünscht ist (vgl. Abb. 24).

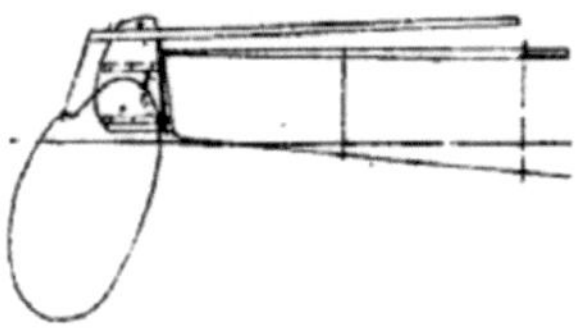

Abb. 24. Senkruder.

Nur auf größeren Jachten empfiehlt es sich, das Ruder unter dem Boden aufzuhängen. Hierbei läßt man gewöhnlich zwecks besserer Wirkung einen Teil des Ruderblattes nach vorn über den Schaft („Holm") hinausragen und erhält dann das sog. Balanceruder (Abb. 25), oder man verbindet das Ruder unmittelbar mit dem Kiel („festes Ruder" vgl. Abb. 26).

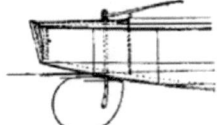

Abb. 25. Balanceruder.

Wir regieren das Ruder mittels des oben angebrachten hölzernen oder eisernen Armes, der Ruderpinne (vom lat. pinna = Pflock). Auf unseren Schwertbooten ist die Pinne gewöhnlich geteilt als sog. Doppelpinne, um dem Mann am Ruder, dem Steuermann, ein

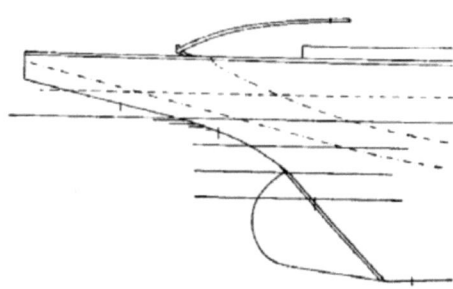

Abb. 26. Festes Ruder.

bequemes Hochbordgehen zu ermöglichen. Wenn man sich sonst so weit hinauslegt („hochbord" geht), wie es auf einer gut gesegelten Jolle in schwerem Wetter erforderlich ist (vgl. Abb. 27), könnte man eine einfache, mittschiffs stehende Pinne nicht mehr bedienen.

2. Die Wirkung des Ruders.

Verstandesmäßig begreifen wir die Wirkung des Ruders am besten, wenn wir es uns als Bremse, als mitgeschleiften Anker vorstellen. Das Boot wird auf der Seite, auf der das R u d e r b l a t t mehr oder weniger quer zur Fahrtrichtung steht, gebremst, festgehalten, und seine Spitze weicht deshalb nach d e r s e l b e n Seite aus. Oder anders ausgedrückt: Das am fahrenden Boot entlangströmende Wasser findet auf der einen Seite einen Widerstand und schiebt diesen von sich weg; das Heck eines Bootes, dessen Ruderblatt nach Backbord gedreht ist, wird nach Steuerbord geschoben, die S p i t z e dreht also nach Backbord. Ganz allgemein gilt demnach die Regel: D a s B o o t d r e h t n a c h d e r S e i t e , n a c h d e r d a s R u d e r b l a t t z e i g t .

Abb. 27. Der Zweck der Doppelpinne.

Wir warnen den Anfänger davor, sich die Regel nach der Stellung der P i n n e einzuprägen, weil dies so mechanisch ist, daß die Überlegung bei außergewöhnlichen Fällen, namentlich bei der Fahrt über den Achtersteven dann zu versagen pflegt. Wer von vornherein sich die Wirkung des Ruder b l a t t e s verständlich gemacht hat, der wird auch in solchen Lagen nicht versagen. Denn beim R ü c k w ä r t s f a h r e n ist die Sache natürlich genau dieselbe. Der Laie fragt hier vielleicht erstaunt: Fahren denn Segelboote auch rückwärts? Aber gewiß. Aus dem Bootsstande heraus oder vom Ufer weg, aus dem Schilf heraus oder wenn das Boot einmal die Fahrt voraus verloren hat — bei all dem kommt man um ein gelegentliches Rückwärtsfahren nicht herum. Und nirgends offenbart sich mangelnde theoretische Kenntnis und Übung so sicher und so kraß wie gerade hier. Häufig genug ist der erfahrene Segler schon halb zu Hause, wenn der Laie, der mit ihm heimfahren wollte, immer noch hilflos im Schilfe steckt und immer wieder dahin zurückgetrieben wird.

Auch hier bei der Fahrt über den Achtersteven gilt die Regel: Das Boot, in diesem Falle also das Heck (das ja jetzt „vorn" ist), dreht nach der Seite, nach der das Ruderblatt zeigt. Das strömende Wasser packt das etwa nach Backbord gestellte Ruder und schiebt es mitsamt dem Heck nach Backbord, d. h. die jetzt achtern befindliche Spitze des Bootes dreht nach Steuerbord.

Wir empfehlen also dem Anfänger, sich als Gedächtnishilfe in „Nöten" die allgemeine Regel zu merken: D e r z u r z e i t v o r n b e f i n d l i c h e T e i l d e s B o o t e s (bei Vorwärtsfahrt der Steven, bei Rückwärtsfahrt das Heck) d r e h t a l l e m a l n a c h d e r s e l b e n S e i t e , n a c h d e r d a s R u d e r b l a t t z e i g t. Alles andere findet sich dann von selbst.

Das Ruder ist ein empfindliches Instrument. Auch hier

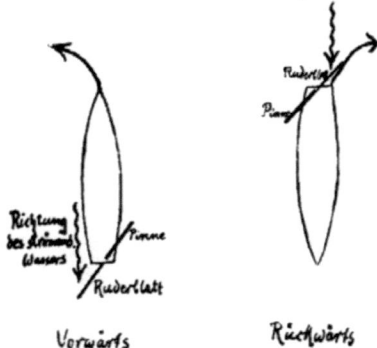

Abb. 28. Die Wirkung des Ruders.

erkennt man an der feinen oder groben Bedienung den echten Segler auf den ersten Blick. Gewiß, Ruderarbeit ist auch h a r t e Arbeit, es gilt unter Umständen, mit beiden Fäusten zuzupacken, um das Boot auf dem Kurs zu halten. Aber so lange es irgend geht, wird das Ruder m ö g l i c h s t f e i n, möglichst mit 2 Fingern, bedient. Das Ruder eines Segelbootes ist kein Quirl, es dient nicht zur Fortbewegung, sondern zur feinen und feinsten Korrektur der Fahrtrichtung, des Kurses. Der wirkliche Segler hat die Wirkung des Ruders im Gefühl, er braucht den Kopf nicht mehr dazu.

Jedenfalls muß sich auch der Anfänger schon daran gewöhnen: erst kurz überlegen, wie man manövrieren will, und dann das Ruder f e s t halten, nicht durch Quirlen, Wricken u. dgl. die mangelnde Kenntnis korrigieren wollen; dadurch wird's nur schlimmer.

✶

V. Windrichtung und Segelstellung.

1. Vor Wind.

a) Erklärung des Vor-Wind-Segelns.

Der einfachste Fall beim Segeln ist natürlich der, daß der Wind von hinten, platt von achtern kommt. „Weht der Wind recht platt von achtern, tut das Herz des Seglers lachtern", „vor Wind segelt auch ein Bündel Stroh" — der Seglermund sprüht über von dem Segen des von achtern einkommenden Windes. Und doch ist das Segeln vor Wind unter Umständen gar keine so ganz leichte Sache.

Wir wollen uns zunächst das Wesen des Vor-Wind-Segelns und die hierbei auftretenden Erscheinungen klar machen. Die Skizze 29 stellt ein vor Wind segelndes Boot dar. Der Wind weht genau in der Richtung der Fahrt. Wir sahen oben, daß es auf den tatsächlichen, wirklichen Wind nicht ankommt, sondern auf den scheinbaren, der sich aus dem wirklichen Winde und dem durch die Fahrt erzeugten Gegenwinde zusammensetzt. In unserem Fall soll der wirkliche Wind nach Richtung und Stärke durch die Strecke A B bezeichnet sein. Durch die Fahrt wird ein Gegenwind erzeugt, der dieser Richtung genau entgegengesetzt ist. Er ist schwächer als der wirkliche Wind, also etwa gleich der Strecke B C. Der für das Segeln in Betracht kommende scheinbare Wind ist mithin gleich der Differenz der beiden Strecken, gleich A C. In diesem einen einzigen Falle stimmt daher die Richtung des scheinbaren Windes mit der des wirklichen Windes überein, seine Stärke ist aber geringer. Das Boot wird also den Wind, wenn er platt von achtern kommt, nicht voll ausnutzen können; im übrigen ist alles so, wie es sich der Laie überhaupt vorzustellen pflegt: Wirklicher und scheinbarer Wind fallen zusammen, der Stander, nach dem wir uns ja als dem Windanzeiger zu richten haben, weht nach vorn, in der Fahrtrichtung des Bootes.

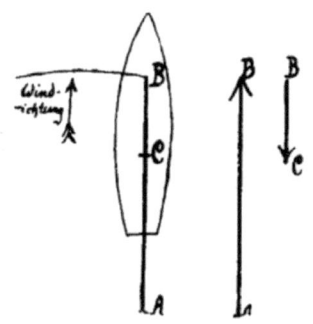

Abb. 29. Vor Wind.
(Schematische Darstellung.)

Wir stellen in diesem Falle das Segel senkrecht zur Windrichtung. Wir haben nichts weiter zu tun, als das Segel mittels der Schot so weit hinauszulassen, abzufieren, bis es senkrecht

Abb. 30. Vor Wind mit verschiedenen Schoten.

zum Boot steht (sich gegen Wanten und Backstagen preßt) und nun unter unausgesetztem Beobachten des Standers so zu steuern, daß der Stander immer genau in der Fahrtrichtung weht.

Kommt der Wind wirklich ganz genau von achtern ein, so ist es also gleichgültig, auf welcher Seite ich das Segel fahre, ob auf Backbord oder auf Steuerbord. Selbst im Rennen sieht man dann die Boote je nach dem Ermessen des Mannes am Ruder mit Backbord oder mit Steuerbordschot segeln (vgl. Abb. 30).

b) Luvgierigkeit und Geigen.

Der Wind ist bestrebt, die Fläche des Segels senkrecht zu seiner eigenen Richtung vor sich herzutreiben. Der Schwerpunkt der angreifenden Kraft liegt also weit seitlich von dem Schwerpunkt des durchs Wasser gehenden Bootes. Oder weniger gelehrt ausgedrückt: Die vorwärtsstrebende Fläche des Segels wird an der einen Seite gebremst, in ihrer freien Fortbewegung gehindert durch das daranhängende Boot. Denken wir uns, wie auf der Skizze 31, zwei Boote an dem Segel, auf jeder Seite eins, so würde der Wind die beiden geradeaus schieben. Da nun aber das eine Boot gleichsam fehlt, so wird er in seinem Streben, das Segel vorwärtszutreiben, das Boot zu drehen versuchen, und zwar in dem in Abb. 31 angedeuteten Sinne. Wir nennen diese Erscheinung die Luv-

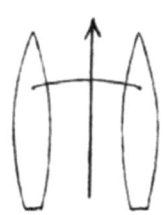

Abb. 31. Erklärung der Luvgierigkeit.

gierigkeit*). Das Boot „giert" nach Luv, es „begehrt" nach der Seite, von der der Wind kommt, zu drehen.

Bei steifer Brise tritt zu dieser — gewissermaßen horizontalen — Luvgierigkeit noch eine weit ungemütlichere vertikale Drehbewegung. Der Baum ist nicht mehr schwer genug, um das Segel straff zu spannen, es baucht sich und hebt den Baum, so daß er schräg in den Himmel steigt und das Boot nach Luv drückt, um im nächsten Augenblick samt dem Boote wieder nach Lee zu schlagen. Dieses „G e i g e n" kann so grob werden, daß das Boot von der Seite her Wasser übernimmt oder durch den ins Wasser

Abb. 32. Vor Wind mit killender Fock.
(Jugendboote der Kgl. Schwed. Segelgesellschaft.)

schlagenden Baum aus dem Kurs gedrückt wird. Die Mannschaft kann zwar dann versuchen, das schaukelnde Boot durch geschickte Gegenbewegungen wieder einigermaßen ins Gleichgewicht zu bringen; aber wenn es wirklich grob weht und im Verhältnis zur Windstärke zu viel Segel gefahren werden, so kann man gezwungen werden, vorübergehend einen anderen Kurs (mit Backstagsbrise, siehe weiter unten!) zu wählen.

---

*) L u v ist die Seite, von der der Wind kommt; L e e die Seite, nach der er weht.

c) Beisegel.

Um die Luvgierigkeit zu mildern, gibt es mehrere Wege. Der einfachste wäre der, das Segel mittschiffs anzuordnen, wie es unsere Raaschiffe auf See tun. Für den Sportsegler kommt ein solches

Abb. 33. Vor Wind mit ausgebaumter Fock.
(Ältere Nationale Jolle in steifer Brise: steigender Großbaum; statt des Spinnakers wird die Fock auf Steuerbord „ausgebaumt", bzw. mit der Hand gehalten.)

Segel indessen wegen seiner ungünstigen Am-Wind-Wirkung nicht in Betracht; er greift dazu nur gelegentlich auf See, wenn er seine Jacht einmal ruhig vor dem Winde laufen lassen will („Breitfock").

Boote mit 2 Segeln, also Slups oder Yawls, können der Luvgierigkeit schon dadurch (wenigstens zu einem Teil) begegnen, daß sie das eine Segel auf Backbord, das andere auf Steuerbord fahren (vgl. Abb. 33). Die meisten Sportboote und -jachten haben hierfür ein in England aufgekommenes, besonderes Segel, den

Abb. 34. Vor Wind mit Spinnaker an Steuerbord.

Spinnaker*). Er schlägt zwei Fliegen mit einer Klappe: er stützt das Boot auf der dem Großsegel abgewandten Seite, und er vergrößert zugleich vor dem Winde die Segelfläche erheblich, vermehrt also die Geschwindigkeit vor Wind.

Kein Beisegel und keine andere Vorkehrung kann die Luvgierigkeit völlig aufheben. Die Hauptaufgabe fällt auch hier immer dem Manne am Ruder zu, der die ruhige Fahrt des Bootes trotz Wind und Wellen durch vorsichtiges, rechtzeitiges Ruderlegen erzwingen muß. Er muß zwar bei viel Wind und Seegang fest zupacken, darf aber trotzdem nicht unruhig steuern, die Pinne nicht hin- und herreißen.

d) Das Schwert.

Je tiefer das Boot geht, in unbewegtes Wasser hinein, um so stärker wird es bremsen. Die flachen Schwertboote sind also vor dem Winde am günstigsten daran. Denn bei ihnen kann man das für andere Windrichtungen erforderliche Schwert, die mittschiffs eingebaute Eisen- oder Aluminiumplatte, bei dem Vorwind-Segeln aufholen.

Der Anfänger meint immer, das Schwert vermehre die Stabilität des Bootes und damit die Sicherheit, auch vor dem Winde. Es

---

*) Das seltsame Wort stammt von einer englischen Jacht mit Namen „Sphinx", die dieses Beisegel zuerst führte.

mag deshalb gleich hier darauf hingewiesen sein, daß ein normales Schwert auf die Stabilität gar keinen oder nur ganz geringen Einfluß hat. Vor dem Winde wird durch das gefierte (herabgelassene) Schwert die Luvgierigkeit erhöht, weil es bremsend wirkt. In einer harten Bö kann also dann das Boot trotz allen Ruderlegens herumschießen, in den Wind schießen, „anluven". Ein solches schnelles Anluven birgt eine große Gefahr in sich, da hierbei das Boot infolge der Vergrößerung des scheinbaren Windes, wie wir noch später sehen werden, sich hart überlegt und dabei vollaufen und kentern kann. Also: vor dem Winde Schwert hoch! Und bei jedem derben Windstoß so zeitig mit dem Ruder entgegenwirken, daß das Boot nicht erst zu drehen anfängt, denn dann dreht es meist weiter!

2. Raumschots.

a) Backstagsbrise.

Das Vor-Wind-Segeln ist, wie wir sahen, keine so ganz einfache Sache, sobald es ein bißchen steif weht; es erfordert schon eine gewisse Sicherheit in der Beherrschung des Bootes.

Das eigentliche Vergnügungssegeln, bei dem man am wenigsten aufzupassen braucht und das die wenigste Arbeit erfordert, ist das Segeln auf raumem Kurse, das Raumschots-Segeln. Unter raumem Winde verstehen wir den schräg von achtern oder von der Seite her ins Segel fallenden Wind*). Je raumer der Wind ist, um so weniger Schwierigkeiten ergeben sich; am bequemsten ist also das Segeln bei Backstagswind, auch wohl Dreiviertel-Wind genannt. Darunter verstehen wir denjenigen Wind, der von den Backstagen her ins Segel fällt.

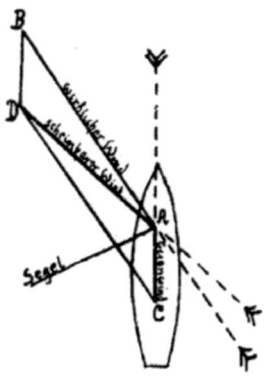

Abb. 35. Backstagsbrise. (Schematische Darstellung.)

In der Skizze 35 bezeichnet AB wieder den wirklichen Wind, der jetzt als Backstagswind, raumschots, unter etwa 45° (bzw. von vorn gerechnet 135°, also ³/₄ vom gestreckten Winkel) einkommt. AC ist der durch die Fahrt erzeugte Gegenwind. Der scheinbare Wind ist dann die Diagonale im Parallelogramm der Kräfte, die Strecke AD.

---

*) Die Wettsegelbestimmungen kennen nur den Unterschied zwischen „am Wind" und „raumem Wind", sie rechnen also auch den platt von achtern kommenden Wind zum raumem Winde.

Der scheinbare Wind ist also bei dieser Richtung s t a r k a b -
g e l e n k t gegenüber dem wirklichen, er ist aber immer noch (wie
bei dem Vor-Wind-Segeln) schwächer als der wirkliche Wind.

b) S e g e l s t e l l u n g.

Wie stellen wir nun unser Segel? Es gibt eine alte Faustregel,
die besagt, daß man den Winkel zwischen dem Lote auf die Fahrtrichtung und dem Lote auf die Windrichtung halbieren solle. Weniger
gelehrt kann man sagen: den W i n k e l z w i s c h e n K u r s u n d
W i n d r i c h t u n g, was auf dasselbe hinauskommt.

Diese Regel stimmt so im allgemeinen, soweit eine Faustregel
bei einer so feinen Kunst, wie sie das Segeln darstellt, überhaupt
stimmen kann. Sie gilt bei mo-
dernen Segeln etwa für die Stellung des G r o ß b a u m e s, aber
natürlich mit mannigfachen Abweichungen, die sich aus dem
mehr oder weniger bauchigen
Schnitt des Segels ergeben. Wem
das feine Gefühl für die Geschwindigkeit des eigenen Bootes, das
den guten Segler ausmacht, erst in
Fleisch und Blut übergegangen
ist, der wird aller Regeln ent-
raten können. Bis dahin wird er
gut tun, sich an sie zu halten.

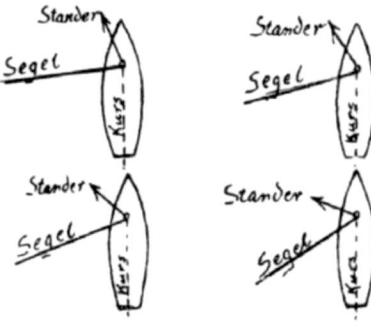

Abb. 36. Segelstellung
bei den verschiedenen Arten der
Backstagsbrise (von fast vor Wind
bis fast halbem Wind).

Der Anfänger macht meist den Fehler, die Segel z u d i c h t
zu fahren. Im allgemeinen ist es weniger schlimm, die Schoten
etwas zu weit wegzufieren, als sie zu dicht zu holen. Aber natürlich
ist hier alles lebendiges Gefühl und nicht graue Theorie, denn auch
die Halbierungslinie zwischen der Verlängerung des kleinen Standers
und der Fahrtrichtung fällt je nach dem Gefühl verschieden aus, wie
man bei jeder Regatta auf der Raumschotsstrecke erkennen kann.
(Vgl. z. B. Abb. 39.)

Da der Wind, wie wir anfangs gesehen haben, in seiner Richtung
nicht stetig ist, so muß a u c h a u f d e r R a u m s c h o t s s t r e c k e
fortgesetzt an der Segelstellung g e ä n d e r t u n d h e r u m g e -
b e s s e r t werden. Und man erkennt die „Schmalzgondler", diese
schlimmste Sorte von Wasserfahrern, daran, daß sie sich auf raumen
Kursen bequem ins Boot legen und Segel Segel sein lassen. Am
liebsten ließen sie auch noch die Pinne los.

Aber das geht glücklicherweise nicht, weil ja bei frischer Brise
die L u v g i e r i g k e i t des Bootes mit dem Ruder korrigiert werden

muß. Auch die Backstagsbrise kommt noch achterlich ein, drückt also auf das Segel im selben Sinne wie vor Wind und versucht, das Boot nach Luv zu drehen. Ein Segel auf der anderen Seite auszubaumen, geht im allgemeinen nicht mehr an*), der Wind würde es zu leicht von vorn fassen statt von achtern, würde es, wie man sagt, „backschlagen".

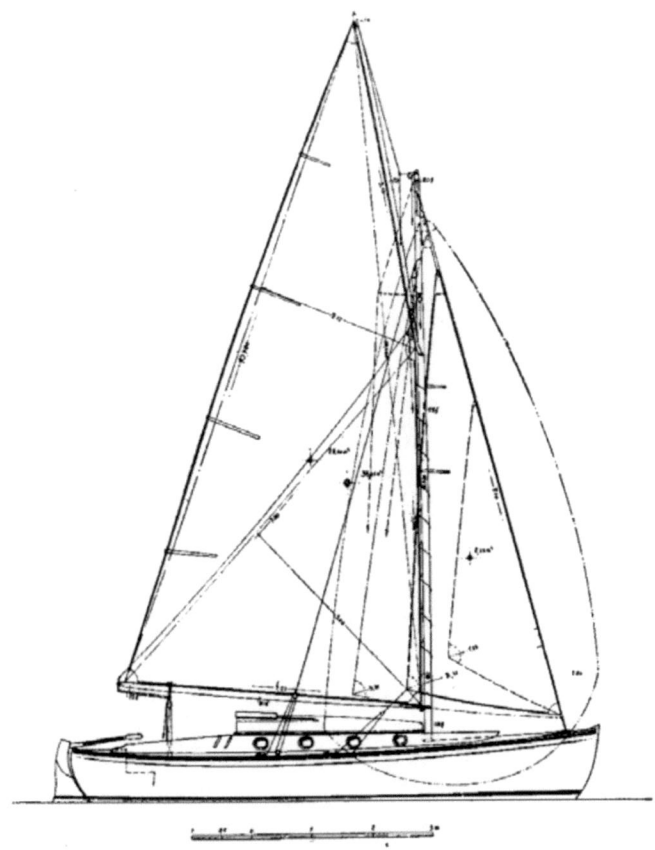

Abb. 37. Segelriß eines modernen Kreuzers (Entwurf A. Tiller). An Vorsegeln sind eingezeichnet (der Größe nach): Sturmfock, Fock, Ballon, Spinnaker.

c) Ballon und Fock.

So bleibt nur die Möglichkeit, den Druck vor der Mitte, vor dem Drehpunkt des Bootes zu vergrößern, also ein **größeres Vorsegel** zu setzen. Catboote, die keine Vorsegel fahren, leiden also

---

*) Man kann unter Umständen noch den Spinnaker fahren, indem man ihn etwas nach vorn auswehen läßt, ihn „v o r s c h o t e t".

unter der Luvgierigkeit mehr als slup-getakelte. Die Slup setzt bei Backstagsbrise ein großes Vorsegel, den B a l l o n (Abb. 37).

Um den Wind voll und gleichmäßig auzunutzen, müssen Großsegel und Fock (oder Ballon) natürlich p a r a l l e l stehen. Trotzdem sieht man immer wieder die Fock dichter geholt als das Großsegel — was auf die Gedankenlosigkeit des Vorschotmannes ebenso schließen läßt wie auf die Unaufmerksamkeit des Steuermannes. Denn dieser ist für alles, auch für Fehler und Dummheiten seiner Mitsegler verantwortlich, wie er ja auch nach gutem, wohlbegründetem Brauch das unumschränkte Kommandorecht an Bord hat: „Mann am Ro'r*) geht allen vor!"

Abb. 38. Jolle bei steifer Backstagsbrise.
(Richtige Segelstellung, Großsegel stark gerefft.)

Im übrigen ist die Raumschotsstrecke, wie gesagt, bei einem nicht gar zu luvgierigen Boote auch in schwerem Wetter eine ruhige Sache, und man kann hier im Rennen oder auf der Wanderfahrt das erledigen, wozu auf den anderen Kursen keine Zeit war, also vor allem Wasser schöpfen, „ausösen" oder „lenzpumpen", wie der Segler sagt. (Vgl. Abb. 38.)

---

*) Roer, Ror, häufig auch „Rohr" geschrieben, plattdeutsch = Ruder.

Abb. 39. Jollen aus der Frühzeit des Kleinsegelsports im Rennen bei Backstagsbrise. (Normale Segelstellung, zu raume und zu dichte Schoten, das Boot im Vordergrund setzt gerade Ballon neben der Fock.)

d) Halber Wind.

Halben Wind nennen wir den dwars (plattdeutsch = quer) oder annähernd dwars zum Kurse wehenden; er rechnet gleich der Backstagsbrise zur Sammelkategorie: raumer Wind.

Die Verhältnisse sind im allgemeinen dieselben wie bei Backstagsbrise: der scheinbare Wind läßt sich durch die Strecke A D darstellen. In einem Punkte aber hat sich die Situation jetzt gegenüber den bisher besprochenen Windrichtungen geändert: der scheinbare Wind ist g r ö ß e r als der wirkliche, der Wind, der

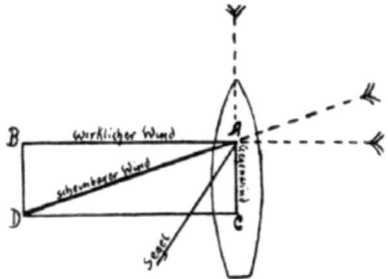

Abb. 40. Halber Wind. (Schematische Darstellung.)

auf das Segel wirkt, ist also s t ä r k e r als der tatsächlich wehende. Dies ist nicht ohne Bedeutung, wie wir noch sehen werden. Für den Segler wird diese „scheinbare" Verstärkung im Boote selbst fühlbar. Sobald der Kurs über halben Wind oder noch spitzer gegen den

Wind an geht, scheint die Brise frischer zu werden, sie bläst einem kräftiger ins Gesicht, als wenn man bei der gleichen Windstärke auf raumerem Kurse segelt.

Für die Segelstellung haben wir den Winkel zwischen dem scheinbaren Wind und der Fahrtrichtung zu halbieren, wir erhalten dann die in der Skizze eingezeichnete „normale" Segelstellung. Die richtige Segelstellung zeigt in natura Abb. 41.

Abb. 41. Kleiner Kreuzer bei frischem halbem Wind.

e) Raumschots bei böigem Wetter.

Im allgemeinen darf man das Segel nicht so weit wegfieren, daß es zu flattern, zu killen beginnt. Das gilt natürlich nur für leichten und mittleren Wind. Bei schwerem Wetter tritt auf Halb-Wind-Kursen bereits die neigende, krängende Wirkung des Windes auf. Man wird zunächst versuchen, sie durch Hochbordgehen auszugleichen. Wenn dies in groben Böen nicht mehr ausreicht, um das Boot vor zu starken Krängungen zu bewahren, so muß man dazu greifen, einen Teil des Segels unwirksam zu machen, das heißt also, das Segel so weit wegzufieren, daß ein Teil zu killen beginnt. Dann wirkt der Wind nur noch auf den Rest des Segels, und dies genügt nicht, um das Boot weiter nach Lee ins Wasser zu drücken, es weiter zu krängen.

Man hätte auch noch eine andere Möglichkeit, vor der hier aufs nachdrücklichste gewarnt sei, nämlich die, aufzudrehen, anzuluven, d. h. durch Nachgeben mit dem Ruder das Boot in den Wind schießen zu lassen. Theoretisch scheint es zunächst gleichgültig zu sein, ob ich das Segel durch Loslassen der Schot oder durch eine Drehung des Bootes selber unwirksam mache. Denn beide Male erreiche ich doch, daß der Wind an einem Teile des Segels,

Abb. 42. Jollen bei halbem Wind. Richtige und falsche Segelführung.

bzw. auch am ganzen Segel wirkungslos vorüberstreicht. Aber es scheint nur so.

Denn wenn ich mein Boot drehe, statt das Segel loszuwerfen, so wirkt während dieser Drehung der Wind noch dauernd und zwar immer stärker auf das Segel, und die Neigung wird durch das Drehen selbst schon erhöht. Ich führe also die Gefahr einer zu starken Krängung, die ich vermeiden möchte, gerade künstlich herbei.

Bei halbem Winde behält man deshalb, so lange es grob weht, die Schot frei in der Hand, legt sie nicht etwa an einem Nagel („Coffeynagel") oder einer Klampe fest, und läßt sie dann einfach los, wenn ein gar zu derber Stoß kommt. Die Mannschaft bleibt dabei natürlich hochbord sitzen, um das Boot auch ihrerseits möglichst gerade zu halten, damit der Baum beim Abfieren der Schot nicht etwa zu Wasser geht.

Viele Anfänger glauben, durch möglichst langes Dichthalten der Schot und durch die hierbei eintretenden starken Krängungen des Bootes den Eindruck eines besonders schneidigen oder wohl gar besonders guten Seglers hervorrufen zu können. Das genaue Gegenteil ist der Fall. Der gute Segler „schrickt" die Schot rechtzeitig, weil ein zu hart gekrängtes Schwertboot die Fahrt verliert, statt die Bö kräftig auszunutzen. Abb. 42 gibt ein treffliches Beispiel für gutes und schlechtes Verhalten bei kräftiger Brise auf der Halb-Windstrecke. Die meisten Boote tragen mit etwas loser Schot ihre Segel ganz bequem. Nur der letzte Segler hält seine Schot

Abb. 43. Richtige und falsche Technik bei halbem Wind.

unentwegt fest und läßt sein Boot fast flach auf dem Wasser liegen. Man erkennt auch die starke Krümmung des Mastes, den man bei solchen Scherzen unter Umständen über Bord segeln kann, wenn das Boot nicht vorher ein Einsehen hat und kieloben geht.

Bei halbem Winde gilt also als Regel: Pinne festhalten und Kurs halten, damit das Boot nicht luvt, nicht in den Wind schießt — Schot frei in der Hand — Schot fieren, wenn ein harter Puff kommt, und dann langsam wieder dicht holen!

Wenn man erst gut segeln kann, so ist es sogar von Vorteil, in der Bö etwas abzufallen, d. h. den Wind etwas achterlicher einkommen zu lassen (mehr als Backstagsbrise), weil dann der kräftige Stoß besser für die Geschwindigkeit ausgenutzt werden kann.

Diese Technik erkennt man z. B. auf Abb. 43; alle anderen Jachten luven hier in der Bö mehr oder weniger an, nur der Könner reißt sein Boot, das zweite von links, gewaltsam nach der entgegengesetzten Seite und läßt den Wind so recht aus vollen Backen von achtern in die Segel blasen — und er setzt sich dabei an die Spitze des Feldes.

Abb. 44. „Photographiesegeln". Segeljolle im Schmuck ihrer Preisflaggen bei halbem Wind mit etwas zu dicht geholten Schoten, wodurch die starke Krängung des Bootes absichtlich hervorgerufen wird.

3. Am Winde.

a) Erklärung des Am-Wind-Segelns.

Das kniffligste Stück der Segelkunst bildet das **Am-Wind-Segeln**. Ein Boot fährt **am Winde** oder **bei dem Winde**, wenn der Wind schräg von vorn einkommt, etwa in einem Winkel von 45°. In der Skizze 45 ist der scheinbare Wind wieder nach Richtung und Stärke aus dem Parallelogramm der Kräfte ermittelt (wirklicher Wind AB, Gegenwind AC, scheinbarer Wind AD; das Segel bildet die Winkelhalbierende von ∢ DAC). Wir sehen hier die **starke Vergrößerung** des scheinbaren Windes gegenüber dem wirklichen Winde. Die Segelstellung richtet sich gerade am Winde sehr nach dem Schnitt des Segels, bei stark bauchigem Segel kann der Baum außerordentlich dicht geholt werden. Im allgemeinen richtet man sich beim Am-Wind-Segeln am einfachsten nach der **obersten**

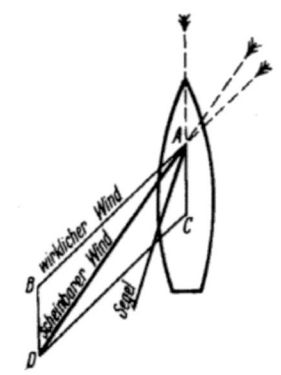

Abb. 45. Am Winde.
(Schematische Darstellung.)

Ecke des Segels (Gaffelnock) oder nach der Partie in der Gegend der **Gaffelklau**. Das Segel wird richtig stehen (bzw. der Am-Wind-Kurs wird richtig sein), wenn diese Partien des Segels **gerade noch eben vom Winde erfaßt werden**, noch nicht im Winde flattern („killen") und doch schon bei der leisesten Drehung des Bootes oder des Windes zu killen beginnen. Dieses Ander-Grenze-Segeln, wenn der Ausdruck erlaubt ist, bereitet dem Anfänger manches Kopfzerbrechen, auf ihm beruht die eigentliche Kunst des Am-Wind-Segelns, es ist Sache ständiger, aufmerksamster Übung.

b) Die vorwärtstreibende Kraft.

Beim Am-Wind-Segeln drängen sich dem Anfänger vor allem zwei theoretische Fragen auf, die hier vorweg kurz beantwortet werden sollen. Die erste lautet: Wie kommt es, daß das Boot überhaupt vorwärts segelt, wenn ihm der Wind doch gewissermaßen entgegenweht? Und die andere: Weshalb legen sich gerade bei dieser Windrichtung die Boote so schräg auf die Seite, daß allen Landratten auf Dampfern und am Ufer der Schrecken ins Gebein fährt und sie erneuten Grund haben, über das „gefährliche", „leichtsinnige"

Abb. 46.
10-qm-Jolle am Winde.

Segeln zu zetern? Also kurz: 1. Warum überhaupt vorwärts? 2. Warum so schief?

Zur Erklärung der Tatsache folge ich der für den mathematischen Laien verständlichsten, „landläufigen" Darstellung, die die Windkraft als statischen Druck auf die Segelfläche betrachtet und den Satz vom Parallelogramm der Kräfte zweimal im umgekehrten Sinne, als wir ihn bisher zur Ableitung des scheinbaren Windes heranzogen, anwendet. Wir zerlegen also den Winddruck AB in zwei Teilkräfte, von denen die eine in der Richtung des Segels AC wirkt, sie streift also nutzlos am Segel entlang. Als wirksame Kraft bleibt demnach nur die senkrecht dazu wirkende Kraft AD. Diese Kraft AD zerlegen wir wieder in 2 Einzelkräfte, von denen die eine senkrecht zum Schiff wirkt: ED. Die dazugehörige Komponente wirkt dann in der Fahrtrichtung AE.

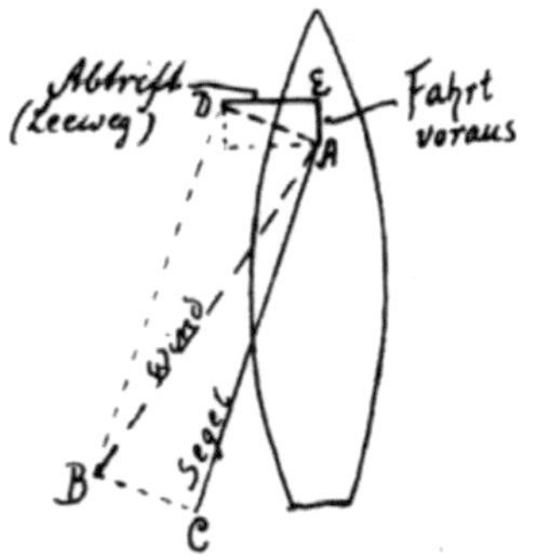

Wir vergleichen nun zunächst die Größe dieser beiden Kräfte. ED ist erheblich größer. Ein flaches, kiel- und schwertloses Boot wird also bei dieser Windrichtung und Segelstellung nahezu quer durchs Wasser getrieben.

Abb. 47. Erklärung der vorwärtstreibenden Kraft am Winde.

Man kann dies leicht feststellen, wenn man einmal den Versuch macht, auf einer Jolle mit hochgeholtem Schwert zu kreuzen. Es soll sogar Anfänger geben, denen dies versehentlich passiert und die so wenig auf den Kurs ihres Bootes achten, daß sie anfänglich das Quertreiben überhaupt nicht bemerken.

Die senkrecht ins Wasser ragende Fläche unter dem Boden des Bootes, der fest angebolzte Kiel oder das gefierte Schwert, ist also für den Fortgang des Bootes am Winde das Entscheidende. Sie stemmt sich gegen das Wasser und läßt die Kraft E D sich nicht in einem Quertreiben des Schiffes auswirken. In seiner Verärgerung tobt sich nun der Natursohn, diese Kraft E D, dadurch aus, daß er sich in Neigung, in Krängung verwandelt. Weil wir ihm nicht gestatten, das Schiff quer durchs Wasser zu 'reiben, wie er gerne

Abb. 48. Höhe kneifende Jollen (Luvkampf).
Das in Lee liegende Boot segelt bereits so hoch am Winde, daß die Fock zu killen beginnt.

möchte, so kantet er wenigstens das Boot so weit über, als es seine nicht unbedeutende Kraft zuläßt. Darum also segelt das Boot am Winde schief, in geneigter Lage.

Warum aber vorwärts? Dies bewirkt die Kraft A E, die zweite Komponente der Gesamtkraft A D. Sie ist zwar nur klein, winzig klein im Verhältnis zu dem großen scheinbaren Wind, aber sie reicht gerade noch aus, um dem Schiffe Fahrt voraus zu geben. Am Winde wird also, wie so vielfach in Leben und Technik, viel schöne Kraft nutzlos vergeudet, um ein bißchen Kraft für den gedachten Zweck übrig zu behalten.

c) Höhe am Wind und Abtrift.

Je spitzer ich gegen den Wind ansegele, je mehr „Höhe" ich herauszusegeln versuche, um so kleiner wird die Kraft AE, um so mehr wächst die Kraft ED. Ich muß mir also jederzeit wohl überlegen, welches von beiden Übeln das kleinere ist.

Denn diese Kraft ED, die quertreibende, wird niemals völlig aufgehoben. Wasser ist kein fester Körper, es gibt dem Drucke allmählich nach. Die Fläche, die hier dagegen drückt, der Kiel oder das Schwert, schiebt sich also, wenn auch nur wenig, so doch merkbar quer durchs Wasser. Das Boot segelt niemals ganz geradeaus, sondern ein kleiner Rest der Kraft ED treibt es quer zur Fahrtrichtung. Dies nennen wir die Abtrift (von abtreiben) oder den Leeweg (Weg nach Lee, nach der Seite, wohin der Wind weht).

Die Abtrift ist ein notwendiges Übel, um so größer, je höher ich an den Wind gehe. Man darf also auch mit guten Am-Windern niemals zu viel Höhe segeln wollen, niemals Höhe „kneifen" oder „knabbern", wie man zu sagen pflegt.

d) Kreuzen und Wahl der Schläge.

Die Möglichkeit, am Winde zu segeln, gibt dem Segelboot die weitere Möglichkeit, gegen den Wind zu segeln, dorthin zu kommen, woher der Wind weht, indem es „kreuzt".

„Ein Segler kommt des Wegs daher,
Der Wind ist umgesprungen,
Nun fährt er kreuz, nun fährt er
[quer —
Ein Spottlied ihm gesungen!"

heißt's in dem bekannten Rudererliede. Dem Unkundigen erscheint also das als Hilflosigkeit, was in Wirklichkeit höchste Kunst und höchster Genuß ist. Denn Am-Wind-Segeln, Kreuzen ist Kopfarbeit, Nervenarbeit (in schwerem Wetter allerdings daneben auch Knochenarbeit).

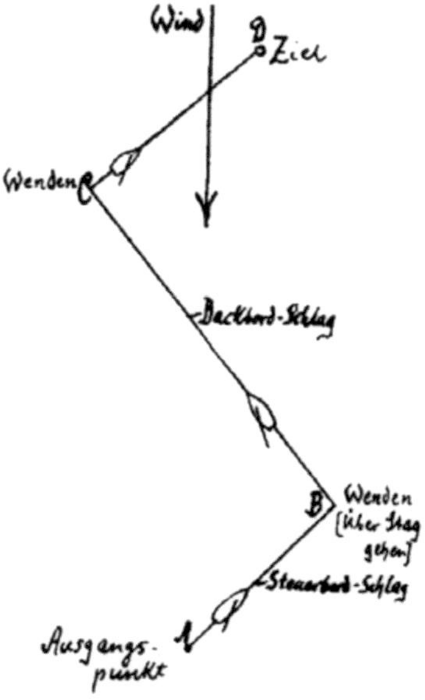

Abb. 49. Kreuzen.

Zur Erläuterung der Technik des Kreuzens sollen die Skizzen 49—52 dienen.

In der Skizze 49 ist von A nach D zu segeln, während der Wind genau gegenan weht. Vom Ausgangspunkt A fahre ich dann also schräg gegen den Wind an bis B. Während dieser Zeit kommt der Wind im ☼ von 45° von Backbord her, ich fahre mein Segel auf Steuerbord — ich liege auf dem Steuerbord-Schlag. Denn die einzelnen Strecken beim Kreuzen nennt man S c h l ä g e.

Bei B drehe ich mein Boot um, ich „wende" oder „gehe über Stag" (was dasselbe heißt), lasse nun den Wind schräg von Steuerbord kommen und fahre deshalb natürlich mein Segel, auf der anderen Seite, auf Backbord. Ich segle den B a c k b o r d - S c h l a g.

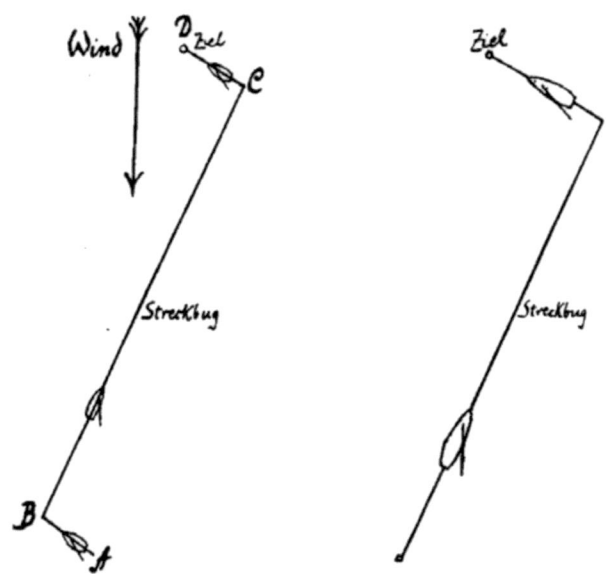

Abb. 50. Kreuzen mit Streckbug und zweimaligem Wenden.

Abb. 51. Kreuzen mit Streckbug und einmaligem Wenden.

Bei C mache ich's genau wieder so. Ich wende (gehe über Stag), nehme mein Segel wieder auf Steuerbord und lasse mich von dem Winde bis zum Ziele D bringen.

Also scheinbar eine ganz verblüffend einfache Sache. Nur schade, daß die Punkte B und C, an denen ich wenden will, weder auf dem Wasser noch in der Luft markiert sind.

Denn ich kann es doch offensichtlich auch ganz anders machen, um zum Ziele zu kommen. Z. B. so wie in Skizze 50. Ich fahre e r s t nach links, erst über Backbordbug (mache einen kurzen Backbordschlag), dann wende ich bei dem in d i e s e r Skizze angegebenen Punkt B, segle eine ganz lange Strecke schräg gegen den Wind an über Steuerbordbug (das Segel auf Steuerbord führend), wende bei dem Punkte C, der in dieser Skizze wieder ganz anders liegt als in der vorhergehenden, und fahre nun mit einem 2. kurzen Backbordschlag zum Ziele D.

Den langen Schlag nennt man dann den **Streckbug**. Ich wäre also hier zum Ziele aufgekreuzt mit Steuerbord-Streckbug. Der kurze Schlag heißt der **Holebug** (er „holt" Höhe).

Ich kann diesen Streckbug natürlich ebenso gut an den Anfang legen, gleich über Steuerbord lossegeln, wie in Skizze 51 dargestellt. Dann spare ich eine Wende und habe zum Schluß einen etwas längeren Backbordschlag an Stelle der vorigen beiden ganz kleinen Backbordschläge.

Es führen viele Wege nach Rom, in diesem Falle nach dem Ziel D, ich kann die Wendepunkte ganz verschieden wählen.

Denn was hindert mich schließlich, statt des einen langen Schlages, statt des Streckbuges lauter kurze Schläge zu machen?

Auch das Boot in der Skizze 52 kommt zum Ziel und hat unterwegs nicht weniger als 10mal gewendet, es könnte auch 10×10 mal wenden.

Was ist nun das Beste, das „Richtige" beim Kreuzen? Eine unbedingt gültige Regel läßt sich nicht geben. Im allgemeinen ist natürlich jedes Wenden, jedes Über-Staggehen ein Hindernis, es hebt die Fahrt für ein paar Sekunden auf. Bei sonst gleichen Verhältnissen wird also dasjenige Boot am schnellsten ans Ziel kommen, das am seltensten über Stag gegangen ist. Den Punkt richtig abzuschätzen, an dem ich wenden muß, um gerade ans Ziel zu kommen, ist sehr schwierig und Sache der Übung, der Erfahrung. Ganz allgemein kann man sich merken, daß die einzelnen Schläge senkrecht aufeinander stehen,

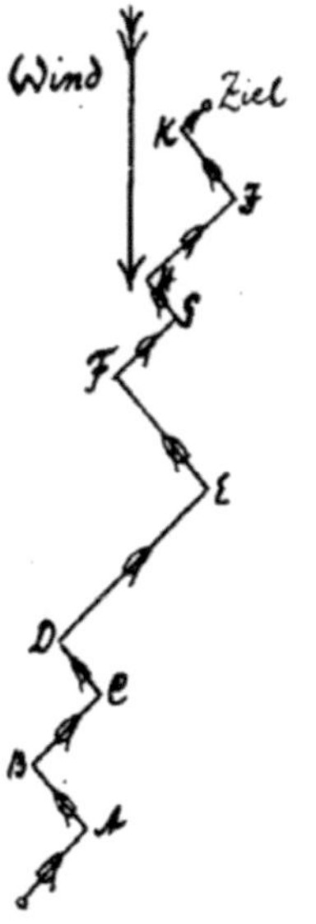

Abb. 52. Kreuzen mit kurzen Schlägen.

wenn ich mit 45° am Winde segle. Ich werde also das Ziel gerade noch erreichen, es gerade eben „anliegen" können, wenn ich es genau querab, senkrecht zu meinem Kurse habe.

Nun ist aber der Wind bekanntlich nicht stetig in seiner Richtung. Man kann also nicht die zu segelnden Schläge von vornherein festlegen, sondern muß den umspringenden Wind jedesmal am günstigsten für den Gesamtkurs auszunützen versuchen. Hierfür lassen sich keine Regeln aufstellen, das Wesen solcher Segelkunst soll aber die Skizze 53 veranschaulichen. Die Pfeile sollen hier die Richtung der umspringenden Brise angeben. Der gute Segler fährt dann den eingezeichneten Kurs.

Er fängt über Backbordbug an, weil er schon sieht und merkt, daß der Wind später nach Osten raumen wird. Kommt er nun in das Gebiet des 2. Pfeiles, so kann er also spitzer zum Ziele segeln, wir sagen: größere Höhe segeln, höher anliegen. Nun nähert er sich dem dritten Pfeile. Würde er jetzt weiter über Backbordbug bleiben, so käme er wieder rückwärts statt dem Ziele näher. Er wendet deshalb bei W₁ (geht über Stag) und segelt über Steuerbord weiter. Beim 4. Pfeile wird der Wind nun noch westlicher. Das ist für diesen Bug hervorragend günstig. Er kann beinah in Richtung aufs Ziel lossegeln, beinah das Ziel anliegen, er bleibt also auf dem Steuerbordschlag.

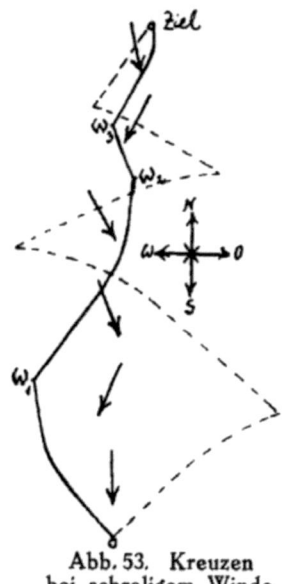

Abb. 53. Kreuzen bei schraligem Winde.

Dann aber springt der Wind wieder stark östlich um, er schralt nach Osten. Flugs geht der Segler also über Stag (beim Punkte W₂) und nutzt so über Backbordbug den Wind am günstigsten für sein Ziel aus. Kurz vor der Ankunft schralt aber der Wind abermals westlich. Also: wieder über Stag bei W₃ und nun über Steuerbordbug zum Ziele.

Der Könner hat also nur dreimal zu wenden brauchen und hat sich in Kurven zum Ziel geschlängelt, gemogelt, wenn man will, er hat den Wind betrogen, indem er ihn für seine Zwecke ausnutzte.

Den Kurs des Stümpers bei gleicher Windrichtung zeigt die punktierte Linie. Er weiß den Wind nicht auszunutzen und segelt ruhig seinen Schlag weiter, auch wenn ihn der andere, entgegengesetzte Schlag schneller zum Ziele bringen würde. Auch er fährt, da der Wind fortgesetzt schralt, in Kurven, aber sie biegen immer vom Ziele weg, statt zum Ziele hin.

Es ist nicht schwer zu sagen, wer von beiden schneller ans Ziel kommt. Man braucht nur die Länge der Strecken zu vergleichen, die beide gesegelt sind.

Im übrigen kommt es beim Kreuzen, wie bei jedem Am-Wind-Kurs, darauf an, Höhe zu segeln, möglichst hoch am Winde zu segeln, ohne zu kneifen.

Abb. 54. Kreuzende Jachten.

e) Windstärke und Windrichtung.

Wir haben oben gesehen, daß der scheinbare Wind auf der Kreuzstrecke spitzer ins Segel fällt als der wirkliche. Wir wollen nun noch untersuchen, wie sich der scheinbare Wind ausnimmt, wenn der wirkliche während des Segelns stärker wird, an Kraft zulegt. Wir wählen dafür einen einfachen Fall: Der Wind wird plötzlich doppelt so stark, er wächst von AB auf AB'. Bei dieser Vergrößerung der Windkraft kann die Fahrt des Bootes selbst nicht ebenso stark vergrößert werden, denn der Widerstand des Wassers wächst mit dem Quadrat der zunehmenden Geschwindigkeit. Mithin wird also die Fahrtvermehrung und damit die Vergrößerung des Gegenwindes nur

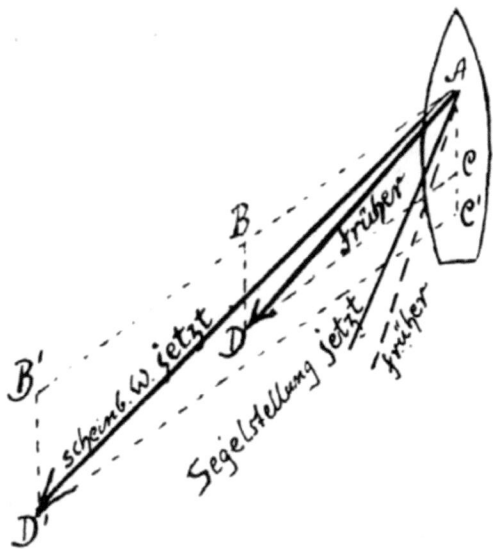

Abb. 55. Windstärke und Windrichtung.

etwa C C' betragen. Der neue scheinbare Wind AD', der nun auf das Boot wirkt, ist trotzdem nahezu doppelt so stark wie AD vorher, aber er ist in seiner Richtung ganz wesentlich gegen früher abgelenkt, er ist erheblich raumer geworden (er kommt mehr von der Seite ein), obgleich sich die Richtung des wirklichen Windes gar nicht geändert hat. Es gilt also ganz allgemein die Regel, daß der stärkere Wind bei dem am Winde segelnden Boot raumer ins Segel fällt als der schwächere.

Dieser raumer einfallende Wind gestattet es mir, entweder mehr Höhe zu segeln, um den Weg dadurch abzukürzen, wenn ich zu kreuzen habe, oder aber, wenn ich am Winde segelnd auf das Ziel gerade losfahre, schneller zu segeln, indem ich das Segel ein kleines Stück weiter hinauslasse, wie dies in der Skizze („Segelstellung jetzt") eingezeichnet ist. Wenn wir die Schot ein solches kleines Stück auffieren können, so nennen wir dies: die Schot „s c h r i c k e n". Wir segeln mit geschrickter Schot, mit einem „Schrick" in der Schot, wenn wir beinahe, aber nicht ganz hart am Winde fahren. Es ist dies also ein Mittelding zwischen dem Segeln am Winde und dem mit halbem Winde.

Wir haben bereits eingangs darauf hingewiesen, daß der Wind in der größeren Höhe stärker ist als dicht über dem Wasserspiegel. Aus unserer eben angestellten Betrachtung entnehmen wir nun, daß ein stärkerer Wind einen raumeren scheinbaren Wind erzeugt. Der Segler, der es ja nur mit diesem „scheinbaren" Winde zu tun hat, muß also bei derselben tatsächlichen Windstärke und -richtung mit zwei oder vielmehr mit vielen verschiedenen Winden rechnen, die gleichzeitig in ganz verschiedener Richtung auf sein Segel in den verschiedenen Höhen wirken. Die verschiedenen Partien des Segels werden von ganz verschieden gerichteten Winden getroffen: die höchsten Teile des Segels haben den breitesten Wind, die Teile am Baume den spitzesten. Dies würde also für die einzelnen Teile des Segels eine wesentlich verschiedene Segelstellung zwecks größtmöglicher Kraftausnutzung bedingen, wenn nicht die normale Form des Segels diese Unterschiede von selber regulieren würde. Die auswehende Gaffel stellt die oberen Partien des Segels von selbst etwas breiter entsprechend dem raumer wehenden Winde ein, während die unteren Partien (in der Gegend des spitzesten Windes) durch die Schot festgehalten werden.

Man erkennt übrigens hieraus auch, wie gut der im Masttop gefahrene S t a n d e r als Anzeiger des für das Boot in Betracht kommenden Windes zu gebrauchen ist. Er zeigt natürlich nicht die Richtung des wirklichen Windes an, sondern eben jene Diagonale aus dem Parallelogramm von Wind und Gegenwind — eben jenen Wind, der tatsächlich auf das Segel wirkt. Und bei seiner Aufhängung gibt er die „goldene Mitte", die Richtung des Windes, der etwa auf die mittlere Partie des Segels wirkt, also die d u r c h s c h n i t t l i c h e Richtung an. Fahre ich den Stander aber auf der

Gaffelnock oder habe ich stark gerefft, so daß mein Segel nicht mehr über den Mast hinausragt, so muß ich daran denken, daß der Stander nun nur den Wind für die **oberste Partie** des Segels anzeigt, daß ich also den Baum jetzt im Verhältnis zur Standerrichtung dichter fahren muß.

f) **Am-Wind-Technik bei Flaute und Brise.**

Bei leichtem Winde, bei Flaute, ist die vorwärtstreibende Kraft gering. Wir dürfen sie dann also nicht gar zu klein machen, sonst reicht sie überhaupt nicht mehr zur Fortbewegung des Bootes aus, und es bliebe dann nur die Teufelskraft, deren Wirkung wir Abtrift oder Leeweg nannten und die das Boot grinsend quer durchs

Abb. 56. 10-qm-Rennjolle mit geschrickter Schot.

Wasser schiebt. Bei **Flaute** segeln wir daher im allgemeinen in einem Winkel von höchstens 60°*) gegen den Wind und haben dementsprechend unser Segel etwas weiter hinauszulassen, wir segeln mit einem „Schrick" in der Schot, um den Wind gut auszunützen.

Bei **Mittelbrise** ist das Segeln am Winde ein reines Vergnügen, das herrlichste, das es gibt. Das Boot liegt schön geneigt auf der Seite, die Fahrt sieht durch die entgegenrollenden Wellen doppelt so schnell aus, als sie in Wirklichkeit ist. Wir sitzen hoch auf dem Luvbord des Bootes, um es möglichst geradezuhalten, und preschen lustig los, unausgesetzt nach unserem Stander blickend, ob wir auch die richtige Höhe heraussegeln, ob das Segel oben nicht etwa killt (dann segeln wir zu spitz am Wind, vgl. Abb. 48)

---

*) Der Seemann gibt die Winkelgröße nicht nach Graden an, sondern nach „Strichen" (entsprechend der Stricheinteilung der Kompaßrose). 45° sind gleich 4 Strich.

oder ob der Stander nicht etwa quer zum Boot weht — dann segeln wir mit halbem Winde, statt zu kreuzen.

Wie verhalten wir uns nun aber am Winde bei **stärkerer Brise**? Wenn wir ein unkenterbares Schiff unter den Füßen haben, eine große Kieljacht oder dergleichen, so ist die Sache nicht gefährlich. Dann können wir getrost einen schweren Puff in die Segel donnern lassen, das Boot legt sich hart über, aber es erhebt sich nachher wie ein Stehauf wieder und schüttelt sich das bißchen Wasser ab.

Anders, wenn wir ein kenterbares Boot, eine flinke Jolle oder dergleichen segeln — und das Segeln auf solchen Booten ist ja doch die schönste Freude für den wirklichen Segler, weil es die größte Kunst erfordert und durch seine Lebendigkeit den größten Genuß bietet. Auf unseren Schwertbooten ist „s c h i e f gesegelt" in der Regel gleichbedeutend mit „s c h l e c h t gesegelt". Fast alle Jollen fahren um so langsamer, je mehr sie auf der Kante liegen; die Bootsformen, die dann durchs Wasser gepreßt werden, sind ungünstig, das Segel wird nicht mehr voll ausgenutzt. Dies wird sich also nur der leisten, der keinen Ehrgeiz hat, alleweil und jederzeit möglichst schnell und gut zu segeln. Der gute Segler sorgt vielmehr dafür, daß bei Brise zunächst alle Mann hochbord gehen, um durch das Gewicht des lebenden Ballastes die krängende Wirkung des Windes aufzuheben oder ihr mindestens entgegenzuarbeiten. Die Mannschaft einschließlich des Mannes am Ruder legt sich so weit hinaus, wie es geht, um den Schwerpunkt des eigenen Körpergewichts an einem möglichst langen Hebelarm angreifen zu lassen.

Wenn auch das Hochbordgehen und das Hinauslegen nicht mehr genügt, so haben wir noch das bereits vorhin beim Halb-Wind-Segeln besprochene Mittel: einen Teil des Segels unwirksam zu machen. Am einfachsten ist es hier wieder, das Segel etwas abzufieren, die Schot zu schricken. Dann flattert ein Teil des Segels, und das hart überliegende Boot richtet sich wieder auf. Wenn man feiner segeln gelernt hat, so kann man statt dessen auch das Boot ein bißchen mit Hilfe des Ruders drehen, man läßt es so weit in den Wind gehen, bis das Segel gleichfalls zu flattern beginnt. Dies darf man aber nur dann tun, wenn man wirklich ganz hoch am Winde segelt, wenn man also bestimmt weiß, daß das Segel bei der leisesten Drehung schon loskommen muß. Was im Einzelfalle das richtigere ist, wird erst die Erfahrung lehren.

Eine gut gesegelte Jolle in schwerem Wetter zeigt Abb. 57. Die Fock steht noch voll, das Großsegel aber schwingt zum Teil im Winde, der Wind faßt nur noch die unterste Ecke am Schothorn dauernd, die andern Partien nur gelegentlich.

Im allgemeinen gilt es, Fahrt im Schiff zu behalten. Wir erwähnten schon, daß der Wind ein stillstehendes Boot doppelt so hart überneigt wie ein fahrendes. Der gute Segler wird freilich auch dann mit dem Winde fertig und bringt das stilliegende Boot durch ganz allmähliches Anfassenlassen des Windes wieder in Gang. Der Anfänger aber soll sich darauf nicht einlassen. Er soll sein Segel niemals so weit loswerfen, daß es g a n z u n d g a r flattert, daß also das Boot stillsteht. Der erste Stoß wirft ein Schiff fast nie

Abb. 57. Gut gesegelte ältere Jolle in steifer Brise.

um, wenn es noch Fahrt hat und wenn man auch nur ein bißchen mit der Schot nachgibt, sobald es zu hart kantet. Schot wie Ruder müssen also weich bedient werden, man muß die Schot wohl bisweilen schnell, aber darf sie nie völlig wegfieren und sie nicht mit einem Ruck wieder dicht holen.

g) Am Winde in Böen.

Wie verhält sich der Segler am Winde in der Bö, dem plötzlichen Windstoß? Dies soll die letzte Frage sein, die uns in diesem Zusammenhang beschäftigt, und sie soll an der Hand der Reihenskizze, Abb. 58, die nach den obigen theoretischen Ausführungen hoffentlich leicht verständlich ist, beantwortet werden.

Es ist hier das Boot zunächst (I) in der normalen frischen Brise segelnd gedacht.

Nach den eingangs gemachten Darlegungen geht vor der Bö ein Sauggebiet, ein verringerter Wind, einher. Diese Verringerung der Wind stärke bringt nach den vorhergehenden theoretischen Erörterungen eine Veränderung der Windrichtung mit sich, sie ruft einen spitzer einfallenden „scheinbaren" Wind hervor. Ob-

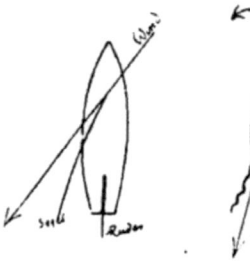

I. Normal. II. Sauggebiet vor der Bö. (Spitzer Wind.) Das Segel killt — abfallen! III. Richtiger Kurs und Segelstellung kurz vor der Bö.

IV. Die Bö. (Raumer Wind.) Segel zu dicht — Schot fieren! V. Richtige Segelstellung in der Bö. (Der vordere Teil des Segels killt.) VI. Langsam anluven! VII. Richtiger Kurs und Segelstellung bei längerer Dauer der Bö.

Abb. 58. Am Winde in böigem Wetter.

gleich die Windrichtung also in Wirklichkeit dieselbe geblieben ist, beginnt das Segel in dem schwachen Winde zu killen (II), eben weil „scheinbar" die Windrichtung eine andere geworden ist. Würde man dieses Killen zulassen, so würde das Boot die Fahrt verlieren, und die unmittelbar darauf einfallende Bö würde ein stillstehendes Boot anpacken können. Da die Wirkung kurzer Windstöße auf ein stillstehendes Boot außerordentlich viel größer ist als auf ein in Fahrt befindliches, so muß man dies unter allen Umständen zu vermeiden suchen und deshalb abfallen, das Boot so drehen, daß der augenblickliche, schwache, spitz einfallende Wind doch das Segel noch füllt und mithin Fahrt im Schiff bleibt (III).

Nun setzt die Bö ein. Sie ist noch stärker als der normale Wind, also **viel** stärker als die vorhergehende Flaute. Stärkerer Wind erzeugt breiteren, raumeren „scheinbaren" Wind. Die Bö fällt demnach schon raumer ein als der normale Wind, also noch viel raumer als der ihr unmittelbar vorhergehende flauere Strich. Das Boot fährt also im Augenblick des Böeneinsatzes mit viel zu dichten Schoten: Der Wind fällt beinah dwars zum Boot ein, beinah als halber Wind, während das Segel auf die Am-Wind-Stellung dichtgeholt ist.

Aus dieser Tatsache erklärt es sich, daß so viele Anfänger beim Böeneinsatz kentern, „obgleich" sie nach ihrer Meinung rechtzeitig „angeluvt" haben. Sie erkennen eben nicht, daß sie in diesem Augenblick gar nicht a m Wind segeln, sondern mit halbem Winde, daß sie also nicht anluven **dürfen**, weil sie hierbei das Segel nicht schnell genug freibekommen, sondern das Boot im Gegenteil während des Aufdrehens erst recht und doppelt und dreifach überkrängen.

Wer die Skizze zu lesen versteht, der wird es ohne weiteres verstehen, daß bei einer groben Bö in dieser Situation — infolge der „veränderten" Windrichtung — nur ein schnelles Schricken der Schot in Frage kommen kann. Dann erst, wenn der Wind nicht mehr das ganze Segel zu packen kriegt, darf das — für den Anfänger **sehr langsame** — Anluven unter gleichzeitigem Dichtholen des Segels beginnen. Selbstverständlich muß bei diesem „Dichtholen", solange der starke Stoß anhält, dauernd ein Teil des Segels „im Winde" stehen, killen.

Der gute Segler bringt es fertig, daß bei all diesen Manövern das Segel niemals richtig flattert, sondern, ohne vom Winde gefaßt zu werden, ganz ruhig hin und her weht, gewissermaßen im Winde steht, so wie man es in der Abb. 57 sieht. Der Anfänger wird das zunächst nicht fertig bringen, er denkt ja immer an die Gefahr des Kenterns und schrickt daher das Segel lieber zu viel als zu wenig. Diese Gefahr wird er mit Hilfe der gegebenen Anweisungen im allgemeinen vermeiden können. Die **Kunst** beginnt dann da, wo all die verschiedenen Phasen dieses Manövers aus einem unruhigen und ängstlichen **Nacheinander** zu einer gleichmäßigen und sicheren **Selbstverständlichkeit** werden, wo das Böensegeln aus der Sphäre der Gefährlichkeit in das Reich des seglerischen Hochgenusses gerückt ist.

Abb. 59. Takelnde Rennboote von einst am Steg des Regattahauses.

VI. Manöver.

Wir haben bis jetzt in diesem Buche im wesentlichen nur die Technik des glatten Segelns, wenn der Ausdruck gestattet ist, kennengelernt. Mit Hilfe der theoretischen Ausführungen und praktischen Anweisungen wäre der Anfänger, dem Ruder und Schot auf freiem Wasser übergeben werden, vielleicht imstande, einen bestimmten Kurs leidlich richtig zu steuern und die Segelstellung sachgemäß zu wählen. Es dürften sich aber keine besonderen Zwischenfälle störend in das Gleichmaß der ersten seglerischen Kenntnisse drängen. Mancher Anfänger würde überhaupt den reinen und vollen Genuß einer Segelfahrt schon längst auskosten können, wenn ihm immer jemand das Boot erst aufs freie Wasser hinaus und nachher wieder in den Stand oder an die Boje zurückbrächte. Aber diese beiden Künste bleiben so manchem viel länger, als nötig und erwünscht ist, ein Buch mit sieben Siegeln.

1. Takeln und Abtakeln.

Schon beim Takeln*) pflegen dem theoretisch allzuwenig geschulten Anfänger allerlei Zwischenfälle das Leben schwer zu machen. Denn er denkt nicht daran, daß man vor dem Takeln schon recht genau den Wind beobachten muß.

---

*) Der Seemann bezeichnet mit Takeln und Abtakeln die Arbeiten beim Indienst- und Außerdienststellen des Schiffes im Frühjahr und Herbst. der Segler gebraucht die Ausdrücke auch von den Arbeiten vor und nach jeder Fahrt.

Man darf nur im Winde Segel setzen, das heißt: nur dann, wenn der Wind von vorn weht, niemals vor dem Winde. Denn sonst würde man zwar im günstigsten Falle (bei nicht zu viel Wind) das Segel hochkriegen, man könnte es vielleicht (wieder bei nicht zu steifer Brise) einen Augenblick stehen lassen, ohne daß der Mast gleich nach vorn über Bord geht — aber man käme niemals aus dem Bootsstand heraus, niemals vom Ufer los. Ehe ein Segelboot Fahrt aufnimmt, wird es immer vom Winde nach Lee, also in diesem Falle auf Land gedrückt.

Der einfachste Fall ist demnach der, daß der Wind a b l a n d i g weht, daß das Boot schon in seinem Stande im Winde steht. Dann kann ich getrost die Segel vorheißen. Nachdem ich in Ruhe getakelt habe, lasse ich mich einfach mit gerade gehaltenem Ruder vom Winde hinaustreiben — ich kann dies natürlich auch mit Staken oder Riemen unterstützen, wenn der Wind allein zu schwach dazu ist.

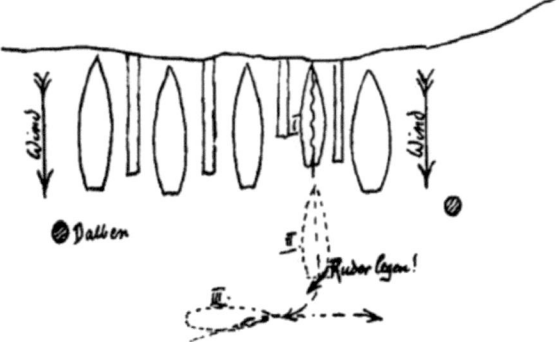

Abb. 60. Takeln bei ablandigem Winde.

Sobald ich vom Lande und den umliegenden Booten sowie namentlich auch von den Pfählen und Dalben**) klar bin, lege ich mein Ruder, etwa in dem in der Skizze angegebenen Sinne. Wir haben gesehen, daß beim Rückwärtsfahren das Heck sich dorthin dreht, wohin das Ruderblatt zeigt. Dadurch, daß ich die Ruderpinne etwa 45° nach Steuerbord drehe (also das Ruderblatt nach Backbord), schwenkt das Boot in der angegebenen Richtung über den Achtersteven ein, das Boot kommt von selbst in die punktiert eingezeichnete Lage III. Bis hierhin sind die Schoten vollkommen

---

**) Hochragende, dicke Pfähle im Wasser, auch Dückdalben (von Diek = Deich und Dalle = Pfahl) oder Dukdalben (volksetym. Abwandlung wegen des Anklangs an duken = tauchen) genannt. Die Ableitung von Duc d'Albe = Herzog von Alba, der ich noch in meinem Taschenwörterbuch der Sportseglersprache („Wie sagt der Segler") mit einiger Skepsis gefolgt bin, ist falsch.

lose gewesen, die Segel haben im Winde geflattert. Jetzt kann ich die Schoten dichtholen und das Ruder wieder geradelegen, der Wind treibt das Boot dann in der Pfeilrichtung vorwärts.

Bei **auflandigem** Winde ist die Sache schwieriger. Am einfachsten greife ich dann zu den Riemen und bringe mein Boot an eine Stelle, wo ich, im Winde liegend, takeln kann. Hierfür kommen in erster Linie Dalben und Bojen in der Nähe des Ufers in Betracht, aber nur solche, die frei stehen, an denen das Boot also Platz zum Einschwenken, zum Schwojen hat. (Vgl. Skizze 61.) Wenn ich am Dalben festgemacht habe, stellt sich das Boot von selbst in den Wind, und ich kann dann im Winde — der Wind kommt von vorn — mein Segel vorheißen.

Hat man keine freistehenden Dalben, keine Boje oder dergleichen in der Nähe, um das Boot dort festlegen zu können, so muß man in einem Flusse vor dem Segelsetzen an das gegenüberliegende

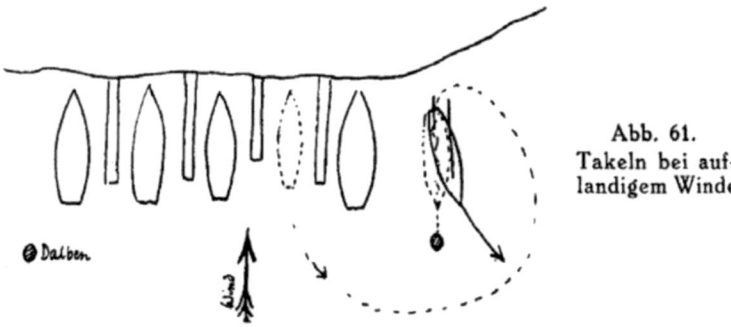

Abb. 61.
Takeln bei auflandigem Winde

Ufer (das Luvufer) rudern, auf einem See sich ein tüchtiges Stück vom Lande frei riemen und dann treibend takeln.

In allen Fällen aber muß das Takeln **schnell** vor sich gehen; denn ein Segelboot hat kurz vor dem Beginn der Fahrt eine Art Renn- oder Wanderfieber, es ist unruhig wie jedes Lebewesen vor Antritt einer Reise und leistet sich da allerlei Mutwilligkeiten, die höchst unerwünscht sind. Es muß also alles, aber auch wirklich alles, **vor** dem Segelsetzen aufs beste geordnet und zurechtgelegt sein, damit das Segel schnell vorgeheißt werden kann. Wir überzeugen uns vorher, daß alle Enden („Taue"), als da sind Schoten und Falls, klar laufen, daß keine Törns und Kinken („Schlingen") drin sind, daß auch nichts klemmt und nichts sich festhakt, was beim Vorheißen über Bord gehen kann. Denn so schwer es ist, ein Boot **nachher** richtig zum Segeln zu bringen, so lustig wird es von selber drauflossegeln, nachdem das Segel erst halb hoch ist, wenn nicht alles klappt. Und dann kann es am Dalben allerhand Zwischenfälle geben. Um dies unfreiwillige Segeln zu verhindern, ist es gut, wenn man bei Schwertbooten das Schwert aufholt, da das Schiff dann ruhiger im Winde stehen bleibt.

Muß ich das Segel auf freiem Wasser treibend vorheißen, so ist die Sache an sich dieselbe. Ich darf nur nicht zu früh segeln wollen, nicht ehe das Segel wirklich steht. Oder ich muß jedenfalls die Schot dann wieder ab und zu lose lassen, fieren, damit der zweite Mann das Segel zum richtigen Stehen bringen kann.

Der Anfänger tut gut, nur im Notfalle treibend zu takeln und sich lieber nach einer Stelle umzusehen, wo er, im Winde liegend,

Abb. 62. Abtakeln.

die Segel vorheißen kann. Er muß sich vor allem die Elementarregel einprägen, daß im Winde getakelt wird. Der Wind muß also von vorn ins Boot wehen, das Segel muß beim Setzen mittschiffs bleiben und hier lose hin- und herflattern. Abb. 59 zeigt eine Reihe von Booten vor der Wettfahrt am Steg des Regattahauses am Müggelsee. An der Flagge vorn auf dem Steg und an der Stellung der Segel erkennt man die Windrichtung. Kein einziges Boot steht auf der Luvseite, wo die Ruder- und Motorboote anlegen. Alle takeln im Winde liegend, in Lee von dem Bootssteg.

Die richtige Art des Segelsetzens selber haben wir bereits oben Seite 33 besprochen.

Was vom Takeln gesagt ist, gilt genau so gut auch vom Abtakeln nach Beendigung der Fahrt. Auch hier sucht man einen

Platz, wo man im Wind liegt, oder dreht das Boot auf freiem Wasser mit der Nase in den Wind, um dann schnell die Falls zu fieren unter gleichzeitigem Dichtholen der Großschot. Wenn das Segel im Boot ist, werden die Spieren, Baum und Gaffel aufeinandergelegt, das Tuch wird zu einer Wurst aufgerollt und dann zwischen die beiden Spieren geschoben und mit den Zeisingen*) festgezurrt.

In Abb. 62 sehen wir das Einlegen des Tuches zwischen die Spieren auf einer größeren Jacht, Abb. 63 zeigt das abgetakelte Boot etwas später — das Großsegel von der Persenning bedeckt. Die Jacht wird in den Stand verholt. Die beiden Jungen vorn vor dem Mast treiben Unfug, sie sollten dem Vorstag für die Nacht Lose geben, statt es steif zu setzen. Denn so biegt sich der Mast unnötigerweise nach vorn, namentlich wenn es etwa regnen und das Tauwerk dabei naß werden sollte. Beim Abtakeln und Anlegen muß immer darauf Bedacht genommen werden, daß Regen und Feuchtigkeit alles Tauwerk einschnurren lassen, es verkürzen. Was dann nicht nachgibt, bricht — alles Tauwerk muß also einen gewissen Spielraum haben, man darf im Nachtlager des Bootes weder die Beleg-Enden noch Falls und Wanten zum Brechen steif setzen.

Abb. 63. Die Jacht wird in den Stand verholt.

2. Loswerfen und Landen.

Wir kehren noch einmal zu den Vorbereitungen für die Fahrt zurück. Das Boot liegt am Dalben, das Heck zum Land gekehrt.

Sobald das Segel steht, wird das Schwert gefiert. Man wartet bei frischer Brise einen etwas ruhigen Augenblick ab, drückt das Boot dann kräftig nach einer Seite hin ab (nicht rückwärts!), und es wird alsbald Fahrt voraus aufnehmen. Vor allen Dingen hält man aber hierbei das Ruder fest, quirlt nicht etwa damit hin und her.

Beim Lossegeln können nun allerlei Zwischenfälle eintreten, von denen wir zwei hier kurz besprechen wollen, um an deren Hand unseren Blick für zweckmäßiges, schnelles und geistesgegenwärtiges Handeln zu schärfen.

*) Bändsel aus Segelstoff.

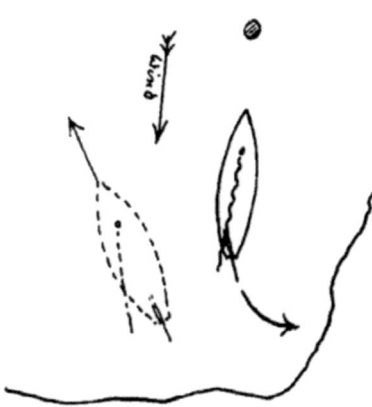

Abb. 64. Manövrieren über den Achtersteven.

Zunächst die einfachste Möglichkeit: Das Boot nimmt nicht Fahrt voraus auf, sondern sackt rückwärts über den Achtersteven. Das ist für den Anfänger eine höchst ungemütliche Situation, namentlich wenn es dicht am Land oder in der Nähe anderer Boote geschieht, mit denen man dabei karambolieren könnte. Die Lage ist aber für den auch nur theoretisch sicher geschulten Segler durchaus einfach. Er versucht nicht etwa, das Boot durch Quirlen mit dem Ruder vorwärts zu bringen, wie man es so häufig sieht, sondern er legt das Ruder ruhig nach einer Seite. Dann dreht das Boot beim Rückwärtssacken sofort so weit, daß der Wind seitlich oder wenigstens schräg von vorn ins Segel fällt. Nun ist's an der Zeit, die Schot dichtzuholen, und das Boot wird dann in der auf Abb. 64 punktiert eingezeichneten Lage durch die Segelwirkung Fahrt voraus aufnehmen.

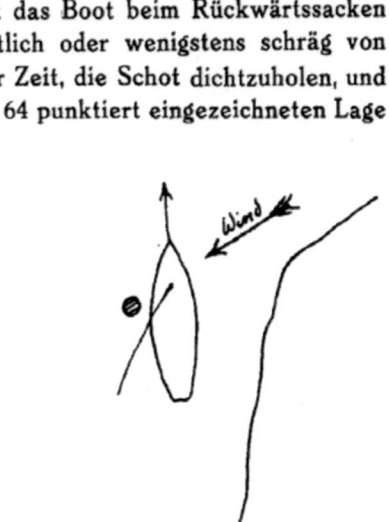

Abb. 65. Falsches Loswerfen.

War in diesem Falle das Boot erst durch Zureden zum Segeln zu bringen, so kann es umgekehrt auch zu früh anfangen zu segeln, und zwar über dem anderen Bug, als man beabsichtigte. Das kommt namentlich dann vor, wenn der Mann vorn das Boot nicht richtig oder nicht kräftig genug vom Dalben abdrückt oder wenn der Wind im Augenblick des Loswerfens plötzlich umspringt, schralt. Dann ergibt sich die in Abb. 65 dargestellte, nicht minder ungemütliche Situation. Denn hierbei werden Boot und Segel durch die Abtrift bei der noch schwachen Fahrt gegen den Dalben gepreßt, und zwar um so herzhafter, je dichter ich das Segel heranhole, um es vor der unliebsamen Berührung mit Dreck, Splittern und Nägeln zu schützen. Hiergegen ist nichts zu machen, wenn ich nicht schnell über Stag gehen oder die Fahrt durch Schotfieren noch abstoppen und das Boot rückwärts sacken lassen kann. In der Regel geht es auch sonst zunächst gut, das Segel reißt nicht, es kriegt höchstens ein paar Verschönerungsstreifen. Nun kommt aber das dicke Ende, die Schot. Diese hängt sich auf alle Fälle über den Dalben und hält das Boot fest. Man soll deshalb an den Tampen der Schot keinen Knoten machen, dann kann man in dieser peinlichen Situation die Schot einfach aus den Blöcken herausgleiten, ausscheren lassen. Hat man aber doch den besagten Knoten darin, so gilt es schnell zu handeln. Denn das Boot fährt nun, achtern festgehalten, wie wild hin und her, und das Segel haut dabei mit großer Wucht und in nervenpeinigendem Takt von einer Seite auf die andere, und von der andern auf die eine Seite. Das kann schon beim ersten Male, bisweilen auch erst beim zwölften Male, aber im allgemeinen doch mit tödlicher Sicherheit zum Kentern führen. Darin liegt zwar so nahe am Lande und am Dalben keine Gefahr, aber es bringt doch ein Bad mit sich. Darum: schnell das Messer heraus und die schöne Schot gekappt! Will man das nicht, oder kann man's nicht, weil das Messer fehlt (das an Bord nie fehlen s o l l t e !), so muß man schleunigst die Falls lösen und das Segel herunterwerfen. Sind die Falls vorschriftsmäßig, nicht etwa mit einem Kopfschlag, belegt, so ist das Bergen des Segels das Werk weniger Sekunden.

Also, zusammengefaßt: Man denke vor dem Loswerfen daran, daß das Boot erst langsam Fahrt aufnimmt und während der beginnenden Fahrt stark von der Teufelskraft Abtrift nach Lee versetzt wird. Solange man seiner Sache nicht ganz sicher ist, lasse man sich hier auf keine Experimente ein, sondern rudere oder stake sich vor dem Segelsetzen in freies Wasser, wo man seinem Boote und anderen Booten keinen Schaden durch mögliche Karambolagen zufügen kann.

Man heiße die Segel stets schnell, nachdem man vorher alles klar gemacht hat, und werfe dann bald los, nachdem man sich wieder v o r h e r überlegt hat, nach welcher Richtung man segeln will.

Auch bei der H e i m k e h r darf man, wie wir bereits oben erwähnten, das Boot nicht einfach vor dem Winde und mit vollen Segeln an Land rauschen lassen. Landen, an die Boje gehen, Segelbergen kann und darf man gleichfalls nur i m W i n d e. Steht der Wind auflandig, so muß man die Segel v o r h e r herunternehmen.

Das Manöver ist in allen Fällen dasselbe und doch immer wieder neu: es kommt nur darauf an, das Boot so „a u f s c h i e ß e n" zu lassen*), daß es in dem Augenblick, wo es an den Steg, die Brücke, das Bollwerk oder die Boje kommt, keine oder nur noch ganz geringe Fahrt hat. Dazu muß man sein Boot und dessen lebendige Kraft kennen: leichte Boote stehen schneller still, schwere schieben sich noch lange nach dem Flattern der Segel mit großer Fahrt durchs Wasser.

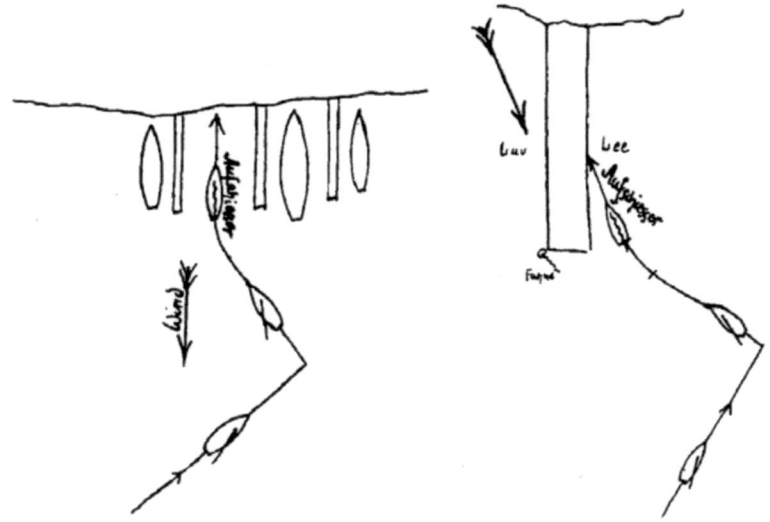

Abb. 66. Landen bei ablandigem Wind im Bootsstand.   Abb. 67. Landen bei ablandigem Wind an einer Brücke.

Der einfachste Fall ist der, wenn der Wind ablandig von meinem Bootsstand weht (Abb. 66). Dann kreuze ich bis dahin auf und lasse ganz zum Schlusse das Boot langsam in den Wind laufen, es kommt mit geringer Fahrt und flatternden Segeln in seinem Stand an.

Abb. 67 zeigt dasselbe Manöver an einer Brücke. Ich wähle bekanntlich die Leeseite, was ich an der Stellung meines Segels oder etwa an einer Fahne auf der Brücke mir vorher wohl überlege, und schieße dann zum Schlusse, wie eingezeichnet, in den Wind.

Weht der Wind a u f l a n d i g, so muß ich für den Aufschießer einen größeren Bogen wählen und zum Schlusse in den Wind gehen, wie Abb. 68 angibt. Der Aufschießer muß länger sein, weil das Boot raumschots fahrend eine große Geschwindigkeit hatte, die sich nur langsam abstoppen läßt.

---

*) Unter einem „A u f s c h i e ß e r" versteht man den Weg, den das Boot zurücklegt, wenn es allmählich „in den Wind" gedreht wird. Am Schlusse des Aufschießers läuft das Boot mit flatternden Segeln dem Winde genau entgegen und verliert dadurch seine Fahrt.

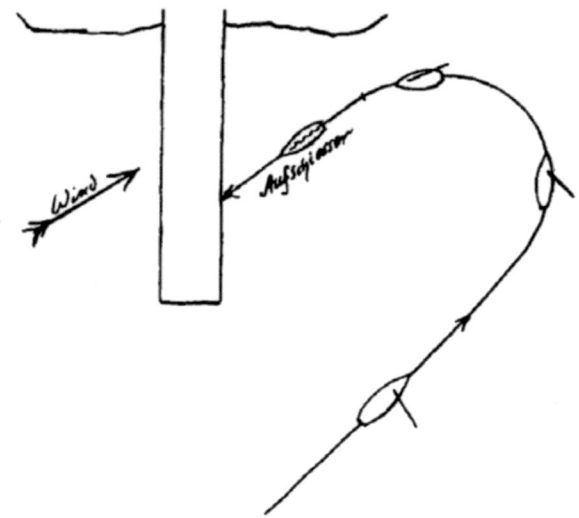

Abb. 68. Landen bei auflandigem Winde an einer Brücke.

Abb. 69 führt denselben Aufschießer an einem T-Steg vor. Wäre der dort gezeichnete Quersteg nicht vorhanden, so dürfte ich bei dieser Windrichtung überhaupt nicht mehr unter Segeln an die Brücke oder an Land rauschen, denn ich landete ja dann vor Wind, bei auflandigem Winde, was unter allen Umständen zu vermeiden ist.

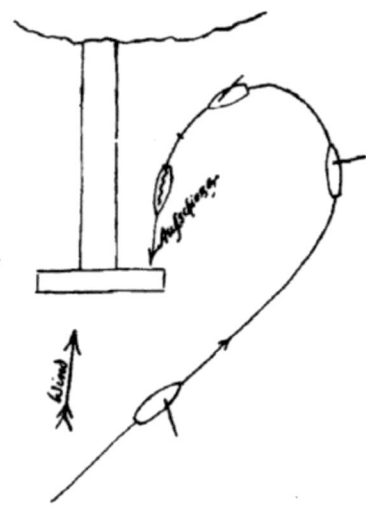

Abb. 69. Landen an einem Steg.

Endlich sei dieses wichtige Manöver noch beim Ansegeln der Boje in einem Bojenfelde gezeigt. Würde ich in Abb. 70 von rechts her einsegeln, so würde ich vor dem Aufschießer wenden, über Stag gehen müssen. Von links her ansegelnd, wie hier dargestellt, muß ich ein Halse-Manöver ausführen, über das weiter unten noch ausführlicher gesprochen werden wird. Nach dem Halsen lasse ich das Boot langsam in den Wind laufen.

Erreicht man die Boje nicht, stoppt also die Fahrt zu früh, so unterlasse man bei Brise alles Quirlen mit dem Ruder und alle Nachhilfe mit Riemen und Staken, sondern fahre zurück und mache das Manöver noch einmal und besser. Das sieht seglerisch aus — einen Fehler kann jeder mal machen, aber er muß ihn zu korrigieren wissen. Und Übung macht den Meister.

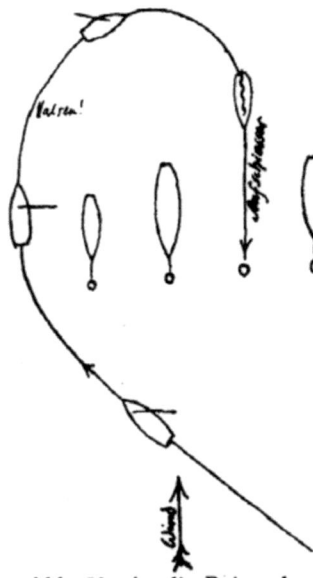

Abb. 70. An die Boje gehen.

Kann ich bei auflandigem Winde an keinen T-Steg und keine Boje heran, so bleibt mir nichts anderes übrig, als das Segel auf freiem Wasser zu bergen. Ich fahre dazu den nun schon bekannten Bogen in der Nähe des Ufers, mit dem Aufschießer zum Schluß und nehme in dem Augenblick, wo das Boot im Winde steht, wo das Segel mitschiffs flattert, schnell das Segel herunter und zeise es fest. Dann lasse ich mich ganz gemütlich auf der punktierten Linie (Abb. 71) ohne Segel vom Winde in den Stand treiben. Aber niemals darf man in diesem Falle das Ansegeln vor Wind versuchen.

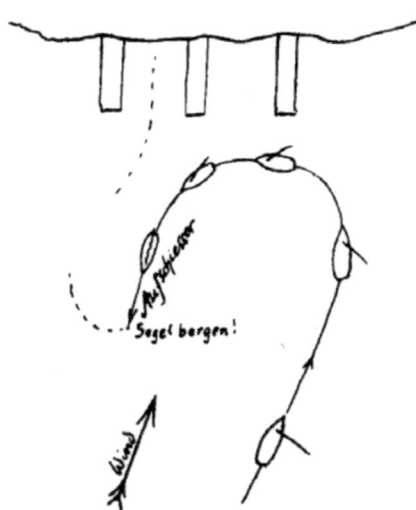

Abb. 71. Segelbergen bei auflandigem Winde.

Lieber soll man einmal öfter auf freiem Wasser abtakeln, als einmal das eigene oder andere Boote oder den Steg in Trümmer fahren.

Wie es n i c h t sein soll, mag zum Schlusse die launige Zeichnung Abb. 72 vor Augen führen. Hier hat der Segler das Aufschießen vergessen, zum Überflusse klemmt sich auch noch die Großschot fest, und nun ist der mit dem Staken bewaffnete Mann ein hilfloses Ding, ein in die Defensive gedrängter Angreifer. Die Parole heißt: Steg oder Boot!

Abb. 72. Steg oder Boot!

3. Über Stag gehen.

Auf dem freien Wasser haben wir nicht mit Dalben, Stegen, Brücken und dergleichen Teufelszeug, das ausgerechnet zur Qual des Anfängers erfunden zu sein scheint, zu tun. Aber es gibt ja da leider auch wieder Boote, denen wir ausweichen müssen, oder Biegungen des Flußarmes — ja selbst auf großem See müssen wir, wie wir sahen, beim Kreuzen Zickzackkurse fahren. Es gilt also, das Boot gelegentlich zum D r e h e n zu bewegen. Das geschieht, wie wir wissen, mit Hilfe des Ruders, das Boot dreht nach der Seite, nach der das Ruderblatt zeigt.

Was wird aber dabei aus meinem Segel? Wir müssen hier zwei grundsätzlich verschiedene Arten der Drehung wohl auseinanderhalten: das Wenden und das Halsen. Es ist ein großer Unterschied, ob ich mein Boot nach der Richtung drehe, auf der mein Segel steht, oder nach der anderen, der Luvseite.

Drehe ich mein Boot nach Luv, so nenne ich das Wenden oder über Stag gehen. Es ist ein einfaches, leichtes Manöver.

Die 3 Stadien desselben zeigt, zunächst nebeneinander, die Skizze 73. Bei Nr. I beginnt das Manöver, eingeleitet durch die Kommandos: Klar zum Wenden! Ree! Die Bedeutung des Wortes Ree ist noch immer nicht sicher, meist erklärt man es als eine Abkürzung von Ruder (plattdeutsch Ro'r) in Lee — der Steuermann soll ja das Roer nach Lee drehen.

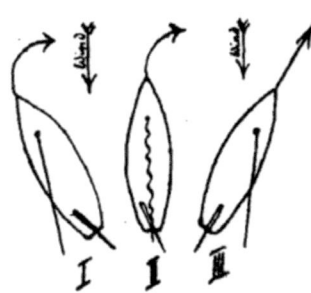

Abb. 73. Vor, während und nach der Wende.

Ich drücke also die Pinne nach Backbord, das Boot dreht demnach nach Steuerbord. Gleichzeitig hole ich das Großsegel immer dichter, bis es im Winde stehend (Nr. II) einen Augenblick flattert; das Ruder bleibt weiter liegen, also dreht das Boot weiter, bis unter Nr. III der Wind von der anderen Seite her das Segel füllt. Nun lege ich die Pinne gerade und segle auf dem neuen Kurs, dem neuen Schlag, weiter.

Wie das Manöver im Verlauf der Fahrt aussieht, zeigt Skizze 74. Das Boot segelt zunächst auf dem Steuerbordschlag, wendet in der Mitte und nimmt dann den neuen Backbordschlag auf. Das Segel stand erst auf Steuerbord, wurde dann dichtgeholt, killte einen Augenblick im Moment der Wende und steht nun auf Backbord.

Abb. 74. Über Stag gehen.

Ich muß hierbei nur darauf achten, daß ich das Ruder gerade so lange lege, daß das Boot gut auf den anderen Bug fällt und doch nicht ganz aus dem Kurse läuft. Bei großer Fahrt und frischer Brise genügt auf Binnengewässern im allgemeinen ein ganz leises Rudergeben, das Boot schießt dann sofort herum. In schwerem Seegang muß man schon etwas derber zugreifen, damit nicht etwa eine vorwitzige Welle das Boot wieder zurückwirft. Bei Flaute und wenig Fahrt im Schiff wird man etwas härter Ruder geben müssen, um das Boot herumzubringen. Im allgemeinen soll man aber zum Wenden niemals das Ruder über 45° legen, denn dieser Winkel ist der günstigste für schnelle Drehung, ohne die Fahrt abzustoppen. Was darüber ist, das ist vom Übel. Im übrigen genügt es, wenn man zur Unterstützung der Wendung das Vorsegel auffiert und die Großschot dichtholt.

Solange man auf freiem Wasser ist, kann man sich die Seite aussuchen, nach der man drehen möchte. Der Anfänger tut also gut, sich ein für allemal zu merken: Am liebsten und am einfachsten drehe ich nach der Seite, auf der das Segel gerade n i c h t steht — das ist Wenden oder Überstaggehen.

Abb. 75. Jacht im Augenblick der Wende.

4. Schiften und Halsen

In engem Fahrwasser, bei plötzlichen Begegnungen, im Rennen usw. kann man sich aber nicht die bequemste Seite a u s s u c h e n, sondern muß nach einer bestimmten Richtung drehen. Dann ist man unter Umständen zum Halsen gezwungen.

Halsen heißt drehen nach der Seite, auf der das Segel steht, also drehen nach Lee. Dreht nicht das Boot, sondern der Wind, so, daß dasselbe Manöver nötig wird, so nennt man das Schiften. — Wir wollen uns das Wesen des Halsens und Schiftens an der Hand der Skizze 76 veranschaulichen.

Das Boot fährt zunächst mit Backstagsbrise, hat das Segel auf Steuerbord und will nach Steuerbord drehen. Es legt also das Ruder wie eingezeichnet und dreht in dem angegebenen Sinne. In dem Augenblick nun, wo das Boot in die Lage Nr. II gekommen ist, faßt der Wind das Segel von der Rückseite und schleudert es, wenn ich nichts dagegen tue, plötzlich durch das Boot auf die andere Seite, mindestens bis in die punktierte Stellung.

Beim Schiften würde das Boot in der Lage Nr. II schon dauernd gefahren sein, und der Wind hätte bisher dauernd in der Richtung des punktierten Pfeiles geweht. Er wäre nun plötzlich auf die neue Richtung umgesprungen. Dann wirft er mir auch im selben Augenblick mein Segel so herum wie eingezeichnet.

Dieses Herumschleudern des Segels ist die eigentliche Gefahr beim Halsen. Denn bei frischer Brise geschieht es mit einer dem Anfänger geradezu erstaunlichen Wucht. Hier muß ich der Tücke des Windes zuvorkommen, sie mit meiner seglerischen Kunst zu mildern suchen. Deshalb stelle ich das Segel während des ersten Teiles der Drehung so, wie es der jeweiligen Windrichtung entspricht: Da der Wind immer achterlich einkommt, so fiere ich

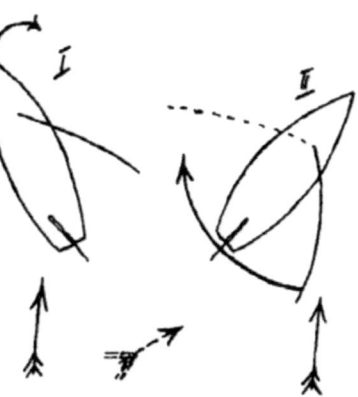

Abb. 76. Halsen.

also die Schot ab, lasse das Segel ganz weit hinaus. In dem Augenblick nun, wo der Wind anfängt, von der anderen Seite her ins Segel zu fallen, hole ich die Schot mit beiden Händen und mit einer mehr als affenartigen Fixigkeit ganz dicht. Das muß sehr, sehr schnell gehen, sonst ist der Wind schneller als wir. Wenn es richtig gemacht wird, so steht das Segel schon mitschiffs, wenn der Wind es eben von der anderen Seite zu fassen kriegt und herumschleudert. Nun aber lasse ich dem wilden Gesellen ganz und gar seinen Willen, nun lasse ich die Schot einfach los und fiere das Segel blitzschnell ab bis in die Vorwind-Stellung, bis der Baum beinah an die Wanten stoßen würde. Und gleichzeitig reiße ich die Pinne des Ruders zurück, damit das nun im Drehen begriffene Boot, das weiter drehen möchte, zunächst unbedingt Kurs hält, unbedingt geradeaus fährt.

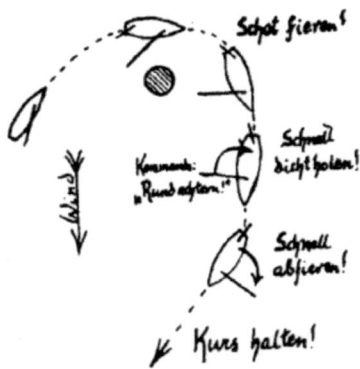

Abb. 77. Bojerunden mit Halsen.

In der Skizze 77 ist das Runden einer Boje mittels des Halsemanövers dargestellt. Das Boot segelt erst am Wind. Während der ersten Phase des Rundens kommt der Wind immer achterlicher ein — die Schot wird gefiert. In dem Augenblick, wo das Boot platt vor Wind ist, hole ich schnell dicht und drehe weiter. Dann geht das Segel über. Nun lasse ich die Schot schnell los und halte das Ruder fest, halte Kurs. — Auf großen Jachten werden die einzelnen Stadien des Manövers durch folgende Kommandos eingeleitet: I. Klar zum Halsen! Fier auf Großschot! 2. Hol dicht Großschot — los Backbord-Backstag, setz durch Steuerbordbackstag! 3. Rund achtern! 4. Fier auf Großschot! Über vorn! 5. Fest Großschot!

Man kann hierbei also drei Fehler machen: Erstens das Segel vor Übergehen des Baumes nicht schnell genug dichtholen, zweitens es nach dem Übergehen nicht schnell genug loslassen und drittens

Abb. 78. Eine Rennhalse.

nach dem Loslassen nicht auf das Ruder achten, das Boot schnell weiterdrehen lassen. Alle drei Fehler können recht weittragende Folgen haben. Wenn ich den Baum nicht dichthole, so schlägt mir der Wind mein Segel von der weitesten Stellung Steuerbords auf die weiteste Stellung Backbords — das gibt einen gewaltigen Ruck, dem die Takelage nicht immer gewachsen ist, bisweilen kommt dabei der Mast von oben, zumal wenn das Backstag nicht auf den Bruchteil einer Sekunde genau bedient wird. Es kann auch noch ein anderer niedlicher Zwischenfall entstehen, es kann nämlich die Gaffel auf Steuerbord stehen bleiben, während der Baum nach Backbord herumschlägt, dann erhalte ich eine ganz eigenartige, wenig gemütliche

Segelstellung, bei der sich das Segel wie ein Taschentuch um und über den Mast legt und dabei zerreißt, wenn ich nicht durch geschicktes Manövrieren beide Spieren schleunigst wieder auf dieselbe Seite bugsieren kann.

Der geübte Segler kann eine sogenannte „Rennhalse" ohne Dichtholen der Schot bisweilen riskieren, weil er zu übersehen vermag, ob die Takelage einer solchen Beanspruchung gewachsen ist, und ob die Schot nicht etwa sich beim Überschlagen des Großbaums an Heck oder Pinne festhängt — was leicht möglich ist, wenn der Baum nicht hoch im Bogen über das Boot dahinfährt. Dem Anfänger muß diese Art des Halsens auf alle Fälle widerraten werden.

Wenn ich das Segel beim Halsen nicht schnell genug loslasse, so preßt sich der Wind, von der Seite kommend, dagegen, und drückt das Boot hart nach Lee über, wobei es vollaufen und kentern kann. Dasselbe geschieht, wenn ich dem Drehenwollen des Bootes nicht entgegenwirke. Wir wissen ja, daß ich vor Wind niemals plötzlich aufschießen, plötzlich anluven darf, weil dann die krängende Wirkung verdoppelt wird. Bei viel Wind, von 8 m/sec an aufwärts, ist das Halsen ein Manöver, bei dem ich unter Umständen immer die Takelage, den Mast riskiere oder ein unfreiwilliges Bad mit in den Kauf nehmen muß. Wenn es also wirklich schwer weht und das Fahrwasser es erlaubt, so unterlasse ich das Halsen und gehe statt dessen über Stag, ich mache die „Kuhwende", wie der Berliner sagt.

Abb. 79. „Kuhwende."

Dieses Manöver zeigt Abb. 79. Statt auf dem kürzesten Wege nach Steuerbord zu drehen und zu halsen, drehe ich nach Backbord, nach der Seite, wo das Segel nicht steht, nach L u v und gehe über Stag. Ich fahre dann eine Schleife und komme etwas langsamer, aber sicherer auf denselben Kurs.

Richtiges und falsches Halsen zeigen Abb. 80 und 81. Nebeneinander sammeln sich die Boote zum Start. Die meisten kommen schon mit Backbordschot an die Linie. Nur der vorderste, der mit Gewalt den besten Platz erwischen wollte, ist von der Seite des Beschauers her gekommen mit dem Segel auf Steuerbord. Nun dreht er nach Steuerbord — man erkennt die Stellung der Ruderpinne! — und holt dicht. Das Segel ist gerade im Augenblicke des Überschlagens nach Backbord. Steuerbordbackstag steht schon, Backbordbackstag wird gerade losgeworfen.

6 Unterricht im Segeln. 5. A.

Abb. 80. Richtiges Halsen.

Halsen, wie es n i c h t sein soll, zeigt Abb. 81. Auch hier kommt das Boot links genau wie das Boot in Abb. 80 an die Startlinie, die durch die Boje im Vordergrund begrenzt wird. Der Steuermann holt aber die Schot nicht dicht, der Vorschotmann kümmert sich nicht um die Backstagen, sondern um das Vorsegel, das während des Halsens zunächst überhaupt nicht bedient zu werden braucht.

Abb. 81. Falsches Halsen.

Und so schlägt der Baum mit dieser beängstigenden Pose nach Backbord. Der Mast biegt sich schon nach vorn durch — kommt nun noch der Krach des gegen die Wanten schlagenden Baumes und Segels dazu, so geht er in 99 von 100 Fällen über Bord.

5. Reffen und Segelbergen.

Das erste Halsen haben wir nun glücklich, wenn auch mit etwas zittrigen Händen, überstanden — als wir losfuhren, war lachender Sonnenschein und herrliche Mittelbrise —, nun türmt sich's drohend am Horizont, ein schweres Wetter zieht auf.

Wir wissen aus Erfahrung, daß ein Gewitter unter Umständen ganz schweren Wind, ganz harte Böen, mit sich bringen kann. Wir wissen weiter, daß diese Gewitterbö bisweilen plötzlich mit voller Stärke einsetzt, daß vorher sogar häufig genug der Wind ganz und gar schlafen geht. Die Stärke der Bö vorher, aus den Wolken usw. zu bestimmen oder abzuschätzen, ist sehr schwer — es gibt Gewitterböen, in denen die Segel aus den Lieken fliegen wie Seidenpapierfetzen; ich habe es sogar selber einmal auf der Dahme erlebt, wie neben mir im Rennen auf einem Boote Mast und Takelage glatt abgedreht und 10 m hoch in die Luft gewirbelt wurden. Da hört natürlich jedes Segeln auf.

Was sollen wir da tun? Die erste Forderung lautet: Nicht bange machen lassen — die zweite: Vorsicht!

Nicht bange machen lassen! Ruhig erwägen und überlegen — Angst kennt der Seemann nicht. Wenn man seine Ruhe bewahrt, gibt es auf dem Wasser keine Lebensgefahr. Aber Vorsicht! Weiß ich nicht aus Erfahrung, was in der schwarzen Wand am Himmel steckt, so lasse ich's nicht erst darauf ankommen, so warte ich nicht so lange, bis ich nichts mehr machen kann, sondern beuge vor.

Wir takeln also ab, nehmen alle Segel an Deck, gehen vor Anker*) und lassen die Böen erst kommen. Dann setzen wir unsere Segel wieder, nachdem wir wissen, wie stark der Wind wird. Bleibt die Brise dann schwer und steif durchstehen, so reffen wir, wir verkleinern unsere Segel so weit, daß wir auch bei schwerstem Sturm mit ihnen fertig werden können. Zum Reffen des Großsegels gibt es ein einfaches Instrument, den Patenttreffer.

---

*) Wenn man keinen Anker an Bord hat, kann man das Boot auch so treiben lassen. Man muß dann nur dafür sorgen, daß es vor dem Winde bleibt, also nicht quer zur Welle zu liegen kommt. Wenn es erst vor den Wind gebracht ist (evtl. mit Hilfe des Riemens), ist es durch das Ruder auf dem Kurse zu halten.

Abb. 82. Eine große Rennjacht, dicht gerefft, in einer Gewitterbö auf dem Müggelsee.

Die Fischerboote und ältere sowie ganz große Jachten binden das Segel mittels des Bindereffs auf den Baum nieder, binden so auch die Fock ein. Mit lauter kleinen Bändseln wird das Segel unten wurstartig zusammengeschnürt.

Auf kleinen Booten brauche ich überhaupt keinen Reffer, sondern drehe einfach mit der Hand den Baum herum, wodurch sich das Segel auf ihm aufwickelt.

Wieviel ich reffen muß, ist Sache der Erfahrung. Anfangs dreht man lieber einen Ring*) mehr weg als zuwenig.

Beim Reffen auf kleinem Boot dreht man zunächst, ohne die Falls loszuwerfen, einfach so viel vom Segel ein, wie man für erforderlich hält. Hierbei hat man auf dreierlei zu achten: erstens auf die Vorliek, deren einzelne Törns recht genau nebeneinander liegen müssen, damit das gereffte Segel nicht zu weit vom Mast absteht; zweitens auf die Achterliek, die möglichst straff nach achtern ausgeholt werden muß, damit das Segel nicht faltig und nicht sackähnlich steht; drittens auf alles, was die unangenehme

---

*) Der Ausdruck „Ringe wegdrehen" stammt von großen Jachten, bei denen das Segel nicht mittels einer einfachen Leine, der Reihleine, vorn am Mast festgehalten wird, sondern mittels hölzerner Ringe. Ein R i n g ist also nicht etwa eine U m d r e h u n g des Großbaumes, wie Anfänger vielfach glauben, sondern das Stück von einem Gatchen in der Vorliek des Segels bis zum nächsten. Ein Boot, das „zwei Ringe" weggedreht hat, hat also etwa ein 80 cm breites Stück des Segels eingerollt.

Eigenschaft besitzt, sich leicht mit in das Segel einzurollen, wie Dirken (wenn man welche hat) oder Schotringe und Schot oder Segellatten u. dgl. Erst wenn man genügend weggedreht hat, fiert man das Klaufall, damit der Baum wieder an seine richtige Stelle kommt.

Wenn man in der Fahrt zum Reffen gezwungen ist und nicht vor Anker gehen kann, so wird man auf kleinem Boot allerdings bisweilen nicht viel Federlesens machen können. Wenn der Wind nicht gar zu schwer ist, kann man bei jeder Windrichtung mit

Abb. 83. Jollen mit gerefftem Großsegel.
(Aus den ersten Schwerwetter-Regatten der Nationalen Jollen.)

dem Patentreff arbeiten. Bei Backstagsbrise steht aber bisweilen solch Druck auf dem Segel, daß sich der Baum nur sehr schwer drehen läßt und nur zu leicht das Patentreff bricht. Bei steifer Brise muß auch am Winde vorsichtig gerefft werden. Es ist zu bedenken, daß der Mann, der das Patentreff bedient, während dieser Zeit als Luvballast fehlt. Man muß deshalb sehr hoch am Winde oder mit sehr loser Schot segeln, aber doch Fahrt voraus behalten.

Die Abschätzung der Segelgröße, die für den gerade wehenden Wind angemessen ist, ist Sache der Übung und Erfahrung. Man erkennt den Stümper daran, daß er nur zwei Methoden der Segelführung kennt: Vollzeug oder gerefft bis an die Gaffelklau. Allerdings soll der Anfänger lieber etwas zuviel als zuwenig reffen.

Vor allem aber soll er bei jeder aufziehenden schweren Bö, die er aus seiner Wetter- und Wolkenkenntnis heraus als solche erkennt, insbesondere bei aufziehendem Gewitter, **unter allen Umständen und ohne jede Einschränkung die Segel bergen**, ehe die ersten Wolkenfetzen heranjagen. Die Sorge um die dadurch verlorengehende Zeit darf nun und nimmer für die Entscheidung ins Gewicht fallen. Gestrenge Herren regieren nicht lange. Und wer vorher nicht genügend Zeit zur Vorsicht zu haben glaubt, muß sie oft **hinterher** doppelt und dreifach haben, wenn irgendeine Havarie eingetreten ist.

Mit der Mahnung und Warnung vor der Gewitterbö soll nicht etwa vor Segeln in steifer Brise überhaupt gewarnt werden. Der Schönwettersegler, der sofort im Stand oder an der Boje bleibt, wenn es mal ein bißchen derb weht, ist ganz gewiß kein seglerisches Ideal. Segeln ist ja Kampf mit dem Winde. Und auch unsere kleinsten Boote können es unter richtiger Führung und unter richtiger Besegelung mit einer ganzen Mütze voll Wind aufnehmen. Wer den Kampf nicht sucht, kann ihn nicht bestehen lernen. Segeln in schwerem Wetter ist zwar Arbeit, Knochen-, Muskel-, Nerven- und Kopfarbeit — es gibt viel zu schuften und viel zu bedenken —, aber es ist dafür doch das Herrlichste, was es gibt, es ist das lebendige Gefühl von dem Siege über das Element, von dem Herrentum des Menschengeistes über die belebte und leblose Natur.

6. Abbringen.

Auf See gehört das Stranden zu den gefährlichsten Zwischenfällen; es kann mit dem Verlust des Bootes oder noch Schlimmerem enden. Auch im Binnenlande kann bei schwerem Wetter und nicht steinfreiem Grunde das gestrandete Boot arg mitgenommen werden. Im allgemeinen ist aber hier ein gelegentliches „Aufbrummen", wie es der Segler getauft hat, eine, wenn auch recht ärgerliche, so doch harmlose Situation. Im Schwertboot kann man meist noch das Schwert schnell hochreißen, wenn es auf Grund stößt. Allerdings kommt es dann auch vor, daß das Boot, einmal außer Fahrt gekommen, nach Lee wegsackt und damit auf immer flacheres Wasser, immer näher an Land treibt. Vor allem darf man das Schwert niemals **ganz** hochholen, weil ja dann, wie wir wissen, das Boot bei seitlichem oder vorlichem Winde überhaupt quer durchs Wasser treibt, **nur** noch Abtrift hat, gar keine Fahrt mehr voraus macht.

Dann gleicht schließlich das Aufbrummen völlig dem eines Kielbootes. Beide sitzen eben fest auf dem Sande. Was nun tun?

Hierbei muß man unterscheiden, mit was für Wind, d. h. mit welcher Richtung man festgekommen ist. Fuhr man am Winde, so dreht man schleunigst auf den andern Bug; hierbei unterstützt man die Wendung bei slupbetakelten Booten durch Backdrücken des Vorsegels, d. h. man holt die Fock kräftig nach Luv, damit der Wind hier hineinfassen und das Boot herumdrehen kann. (Abb. 84.) Wenn alles schnell genug geht, kriegt man das Boot hierbei frei. Andernfalls sitzt man genau so am Leeufer fest, wie wenn man v o r dem Winde festgekommen wäre.

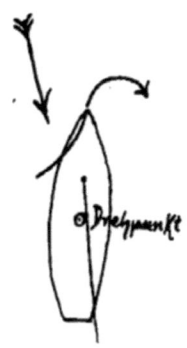

Abb. 84. BackgedrücktesVorsegel

Wer dieses Pech gehabt hat, wer, wie der Seemann sagt, auf „Legerwall" aufgebrummt ist, der mache sich erst gar keine unnütze Mühe. Man kommt mit S e g e l n niemals los, wie man ja auch s o nicht aus dem Bootsstand herauskommt — davon sprachen wir bereits früher. Man sieht immer wieder Sonntagssegler sich stundenlang damit abmühen — es ist aber für den Kenner ein fast schadenfroher Anblick, denn es ist wirklich zwecklos. Hier heißt's vielmehr vor allem: S e g e l h e r u n t e r ! Hat man nun ein kleines, leichtes Boot, so riemt oder stakt man sich frei — ganz so, wie man es auch sonst zum Zwecke des Takelns machen würde. Ist man weit genug draußen, so daß man nicht wieder aufs Land geworfen werden kann, dann setzt man mit der bereits gerühmten affenartigen Fixigkeit Segel und fährt weiter.

Eine große Jacht kriegt man durch Riemen und Staken nicht immer frei. Dann muß man den Anker mit dem Beiboot ausfahren und sich daran verholen. Man kann hierbei zweckmäßig das Boot überkrängen, um den Tiefgang zu verringern. Hierzu schickt man alle Mann nach Lee oder einen auf den Mast oder läßt das festgezurrte Segel seitwärts ausschwingen und eventuell einen Mann auf die Nock klettern.

Im allgemeinen ist es natürlich Ehrensache für jeden Segler, ein Boot, das er selbst auf den Dreck gesetzt hat, auch wieder selbst flott zu kriegen, mag es auch manch harten Schweißtropfen kosten.

Das sind, wie gesagt, unangenehme Situationen, namentlich, wenn eine mehr oder weniger sachkundige Umgebung sich ansammelt und jedes Manöver mit kritischen Augen betrachtet. Daß dann j e d e r , der nicht an Bord ist, alles besser weiß und nicht mit guten und törichten Ratschlägen kargt, sollte den wirklichen Segler hierbei und auch sonst niemals beirren.

7. Mann über Bord!

Ruhe behalten — ist die einzige und wertvollste Kunst. Sie gilt auch für das eiligste Manöver: M a n n ü b e r B o r d ! Rutscht jemand auf Deck aus und fällt dabei über Bord, so wird zunächst die Rettungsboje, der Rettungsring achteraus ins Kielwasser geworfen. Jeder wirkliche Segler k a n n schwimmen, um niemals auf fremde Hilfe allein angewiesen zu sein — kein wirklicher Segler v e r l ä ß t sich auf seine Schwimmkunst. Niemals, in keiner Lage, wo es allenfalls auch anders ginge, wird geschwommen, davon sprechen wir noch gleich. So auch hier, wenn einer über Bord geht. Er weiß, daß er mit ein paar Stößen im Kielwasser des Bootes einen Rettungsring findet und schwimmt unter allen Umständen dorthin und hält sich daran fest. Nun manövriert unterdessen das Boot so, daß es in dem Augenblick, wo es den Mann und seine Boje erreicht, still steht, keine Fahrt mehr hat. Jemand in der Fahrt an Bord holen zu wollen, ihm gar ein Ende oder einen Riemen u. dgl. hinzuhalten, ist unsinnig und führt nicht zum Ziele, weil man sich in der Fahrt nicht daran festhalten kann. Das ist gerade so, wie wenn man versucht, selbst stilliegend, an einen fahrenden Schlepper zu hängen — dabei kommt das eigene Boot niemals selber schnell genug in Fahrt, sondern der Festhaltende oder sein Staken geht über Bord hinter dem Schlepper her.

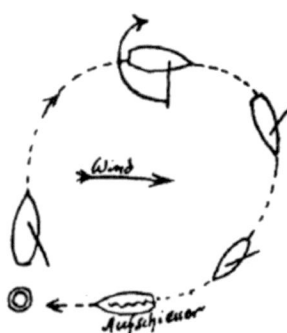

Abb. 85. Mann über Bord.

Also lieber einen Augenblick länger manövrieren, aber dafür o h n e F a h r t neben dem Schwimmer ankommen. Unsere kleinen Schwertboote verlieren im allgemeinen ihre Fahrt sehr schnell, wenn sie i n d e n W i n d g e d r e h t w e r d e n. Man sucht also in diesem Falle das Boot schnell in einem größeren Kreise so an den über Bord Gegangenen heranzubringen, daß es in diesem Augenblicke im Winde steht. Das schnellste Manöver ist das vorhin besprochene Halsen.

Abb. 85 zeigt ein mit halbem Winde segelndes Boot, bei dem ein Mann über Bord gegangen ist. Sofort wird der Rettungsring ausgeworfen. Das Boot dreht nun je nach seiner Größe und Lebendigkeit in einem mehr oder weniger großen Kreise nach Steuerbord, halst an der angegebenen Stelle, holt allmählich dicht und drückt sich nun so in den Wind, daß es den Mann zwar erreicht, aber doch dicht vor oder dicht neben ihm still steht, ohne Fahrt. Dieser sogenannte Aufschießer ist die eigentliche Kunst, während des Aufschießens soll das im Winde schlagende Segel die Fahrt abstoppen. Wir sprachen davon bereits bei den Landungsmanövern.

Wenn Ruhe bewahrt wird und der über Bord Gegangene schwimmen kann, so ist auch dieses Manöver, wo man es anscheinend mit Lebensgefahr zu tun hat, auf unseren Binnengewässern nur eben ein Manöver, eine ganz einfache und lehrreiche, aber nicht tragisch zu nehmende Sache. Der Anfänger tut gut daran, es oft und reichlich mit über Bord geworfenen Gegenständen zu üben. Hoffentlich braucht er es nicht allzubald in natura zu erproben. — Von den Schwimmkünsten seiner Mitsegler kann er sich auch ohne diese Prüfung überzeugen.

Abb. 86. Ein unfreiwilliges Bad.

8. Kentern.

Zu einem Schwimmen im großen kann es bei dem schwierigsten Manöver, dem Kentern, kommen — wenn anders man dies noch ein Manöver nennen darf. Ich sage: es k a n n dazu kommen, es d a r f und s o l l aber nicht. Zum K e n t e r n vielleicht einmal, aber nicht zum S c h w i m m e n. Wenn uns das Mißgeschick zustößt, unser Boot kieloben zu segeln, so wollen wir auch hier Ruhe bewahren — dann kann gar nichts, absolut nichts passieren.

Allerdings ist dazu Vorbedingung, daß das Boot vollgeschlagen oben bleibt, nicht etwa wegsackt. Ein Boot muß u n k e n t e r b a r oder u n s i n k b a r sein — auf andere Boote sollte man überhaupt nicht gehen.

Unsere Jollen sind samt und sonders zwar kenterbar, das ist ihr Reiz, aber unsinkbar — das ist ihre Sicherheit. Wenn ein Boot kentert, so liegt bei 999 unter 1000 Fällen ein Versehen, ein seglerischer oder seemännischer Fehler des Steuermannes oder der Mannschaft vor — der selbstverständlich nachher nicht eingestanden werden darf. In den Augen der Segelkameraden muß jedes Kentern als höhere Gewalt, als unglückliche Verkettung widriger Umstände erscheinen, damit das eigene seglerische Renommee nicht leidet. Das sei also von vornherein konstatiert und dem Anfänger zur Nachahmung empfohlen; er wird ja nicht der erste Segler sein wollen, der eingestandenermaßen durch eigene Schuld gekentert ist.

Wie muß nun aber das Kentern, wenn es schon einmal vorkommen sollte, als wirkliches „Manöver" ablaufen?

In schwerem Wetter sitzen selbstverständlich alle in Luv. Kentert das Boot, so kümmern sie sich um gar nichts anderes, als darum, hier fest sitzen zu bleiben. Fällt einer ins Wasser oder rutscht herunter, so hält er sich am Boot und klettert wieder hinauf, wie die hübsche Zeichnung, Abb. 86, dartut — das erste Bad erstaunter junger Segler.

Abb. 87. Gekentert.

Boote, die flach mit dem Segel auf dem Wasser liegen, sind seltsam unruhige Gesellen. Bald taucht das Vorschiff, bald das Achterschiff einmal etwas tiefer ins Wasser. Diese Bewegungen muß die hochbord sitzende Mannschaft einigermaßen auszugleichen versuchen. Vor allem aber muß sie zwei Möglichkeiten unbedingt zu verhindern suchen. Solange das Segel noch nicht voll Wasser gesogen ist, fängt sich der Wind bisweilen noch drunter und richtet das Boot plötzlich von selbst wieder auf. Geschieht das, ohne daß die Mannschaft es beabsichtigt und darauf vorbereitet ist, so kann sie es nicht verhindern, daß das Boot sofort wieder nach der entgegengesetzten Seite umschlägt. Hierbei können die Segler unter das Boot oder unter die Takelage kommen; und das ist eine sehr mißliche Sache. Wenn das Segel sich voll Wasser saugt, so kann es umgekehrt nach unten fallen und das Boot auf den Bauch legen, namentlich wenn das Schwert im Augenblick des Kenterns nicht gefiert war. Auch hier kann die Mannschaft durch die Drehung des Bootes überrascht werden.

Die Mannschaft bleibt also zunächst ruhig am Boot, hält sich daran fest oder setzt sich darauf, beobachtet aber vor allem jede Bewegung des Bootes und sucht unwillkommene Bewegungen zu verhindern.

Vor allem aber sorgt der Mann am Ruder als der Verantwortliche dafür, daß niemand auf den Gedanken des Schwimmenwollens verfällt. N i e m a l s und u n t e r k e i n e n U m s t ä n d e n darf einer versuchen, an Land zu schwimmen, mag er auch ein noch so guter Schwimmer sein. Die selbstverständliche Aufregung und so vieles andere macht dies Unternehmen immer zu einer wirklichen Gefahr, die nicht besteht, solange die Mannschaft auf oder wenigstens an dem Boote bleibt.

Ist sachkundige Hilfe in der Nähe, so nehme man diese dankbar an und lasse das Boot an Land schleppen, weil sich hier das Bergen des Segels, das Aufrichten und Ausösen bequemer bewerkstelligen läßt. Sind indessen nur die „Retter" mit Gänsefüßen, Wasserfahrer ohne seglerische und seemännische Kenntnisse da, so lehne man ihre Hilfe ebenso dankbar wie entschieden ab, und verfahre so, wie wenn gar keiner in der Nähe wäre: man takele ruhig das im Wasser liegende Segel ab und richte das Boot, aufs Schwert steigend, auf. Beachte dann das Kipplige eines vollgeschlagenen Bootes, lasse es also nicht unvermutet wieder umfallen und schöpfe es aus*).

---

*) Hierbei ist zu beachten, daß bei manchen Jollen im vollgeschlagenen Zustande der Schwertkastenschlitz nicht über die Wasseroberfläche hinausragt, also erst sorgfältig zugestopft werden muß, damit das auszuschöpfende Boot kein Danaidenfaß bleibt.

VII. Ausweichregeln.

1. Allgemeines.

Jeder Segler wird unliebsame Begegnungen mit anderen Fahrzeugen auf dem Wasser tunlichst zu vermeiden suchen, insbesondere wird er der Berufsschiffahrt und Berufsfischern bei ihrer Arbeit möglichst aus dem Wege gehen.

Anderen Wassersporttreibenden gegenüber wird er sein Recht auf Weg und freie sportliche Betätigung gegebenenfalls geltend machen, insbesondere von den manövrierfähigeren Motorbootsfahrern und Ruderern ein Ausweichen beanspruchen und nicht auf jedes „Achtung da vorn!", das ihm entgegendröhnt, gleich

Abb. 89. Eine Kollision.

an Land flüchten. Die rechtlichen Bestimmungen sind freilich nicht immer klar und eindeutig, und bei etwaigen Schadenersatzklagen, vor denen ein gütiges Geschick und der eigene Wille wie die eigene Kunst jeden Jünger unseres schönen Sports bewahren mögen, entscheidet im allgemeinen das nicht voraus bestimmbare Urteil des „Sachverständigen". Manche Forderungen, die klar in der Schiffahrtsordnung einzelner Reviere festgelegt sind, werden zudem — leider — systematisch von allen Sportseglern außer acht gelassen; hierzu gehört die blaue Winkflagge, die dem zum Ausweichen verpflichteten Fahrzeug die ungefährdete Seite anzeigen soll, und die Lichterführung bei Dunkelheit. Der Anfänger wird auf alle Fälle gut daran tun, sich wenigstens die Schiffahrts-

Abb. 90. Mit Steuerbord- und Backbordschoten an der Boje.

ordnung seines Heimatsgebietes zu verschaffen, um sich ein Bild davon zu machen, in welchen Fällen er als sorgenloser Wasserwanderer nur ein Recht auf freundliche Nachsicht und Duldung zu beanspruchen hat.

Ganz anders liegen die Verhältnisse bei der Begegnung von Sportsegelbooten untereinander. Hier hat sich von der Rennsegelei her das dort geltende Wegerecht im Binnenlande[*]) ganz allgemein für jede Begegnung auch außerhalb der Wettfahrten, auch auf Wander- und Nachmittagsfahrten durchgesetzt. Und jeder wirkliche Segler nimmt als selbstverständlich an, daß der ihm begegnende Sportkamerad diese Gesetze kennt und nach ihnen handelt. Selbstverständlich pocht man nicht auf sein Recht, wenn man selbst nur zum Vergnügen fährt, und das kurskreuzende Boot im Rennen liegt; es ist Ehrensache, wettsegelnden Booten unter allen Umständen Raum zu geben, und zwar so rechtzeitig, daß diese nicht erst ihrerseits zu zeitraubenden Manövern gezwungen sind.

Die wichtigsten Bestimmungen des im Binnenlande gültigen Wegerechts seien in den folgenden Abschnitten kurz erläutert.

---

[*]) Für das auf See geltende Wegerecht (die „Seestraßenordnung") siehe Segelsport-Bücherei Bd. III (Renner, „Der Wandersegler auf See", Verlag Richard Carl Schmidt & Co., Berlin W 62), S. 142 ff.

2. Begegnung und Kurskreuzung.

a) Ein Boot mit r a u m e m*) Winde muß einem b e i m Wind (am Winde) segelnden Boot aus dem Wege gehen.

b) Im übrigen muß ein mit S t e u e r b o r d s c h o t segelndes Boot einem mit B a c k b o r d s c h o t segelnden Boot aus dem Wege gehen**).

(Als Beispiel dafür siehe Skizze 91, wo B dem Boot A ausweichen muß.)

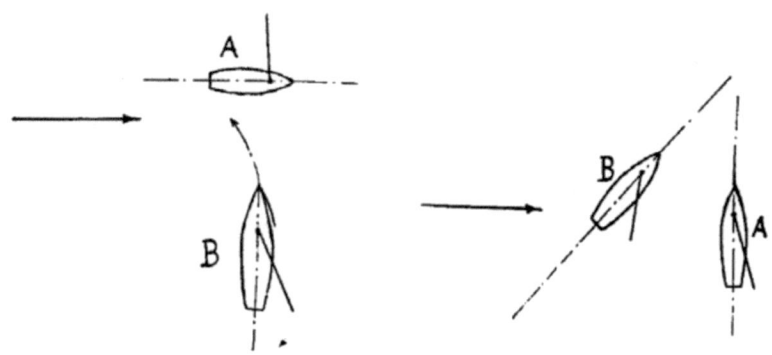

Abb. 91.
Backbordschot hat Wegerecht.

Abb. 92.
Leewärts hat Wegerecht.

c) Haben beide Boote raumen Wind von derselben Seite, so muß das l u v w ä r t s befindliche Boot dem l e e w ä r t s befindlichen aus dem Wege gehen (siehe Skizze 92: B muß dem Boot A ausweichen).

d) Segeln beide Boote beim Winde mit gleichen Schoten und nähern sich ihre Kurse derartig, daß ein Zusammenstoß zu befürchten ist, indem das leewärts befindliche Boot höher anliegt als das andere, wobei keines von beiden die Rechte des Überholtwerdens für sich in Anspruch nehmen kann, so muß das in L u v befindliche Boot dem anderen aus dem Wege gehen (siehe Abb. 93).

---

*) „Raumer Wind" ist überall im Gegensatze zu „beim Wind" gebraucht. Dies ist der wichtigste Unterschied zwischen den vom Rennsegelsport übernommenen Ausweichregeln auf Binnengewässern und der Seestraßenordnung. Letztere unterscheidet nämlich noch zwischen Vorwind und raumem Wind und zwingt das Vorwind-Boot, j e d e m anderen auszuweichen (verständlich bei Raaschiffen, die kein Halsen kennen).

**) Die w i c h t i g s t e Regel. Kurz gefaßt: „B a c k b o r d s c h o t h a t W e g e r e c h t". Ein mit Backbordschot am Winde segelndes Boot fährt über dem „v o r n e h m e n B u g", weil der Steuermann auf der „vornehmen" Seite des Schiffes, dem Steuerbord, sitzt, ihm haben alle übrigen Boote auszuweichen.

(Diese Vorschrift begünstigt die besseren Beiwinder. Auf Abb. 93 muß B dem Boot A ausweichen, also wenden.)

e) Ein Boot darf seinen Kurs nicht ändern, wenn es dabei mit einiger Wahrscheinlichkeit mit einem anderen Boot zusammenstoßen würde, es sei denn, daß es auf seinem neuen Kurs schon volle Fahrt aufnehmen kann, bevor ein Zusammenstoß eintreten könnte. Auch darf es nicht die Möglichkeit des Zusammenstoßens mit einem anderen Boot herbeiführen, das seiner Lage nach nicht aus dem Wege gehen kann.

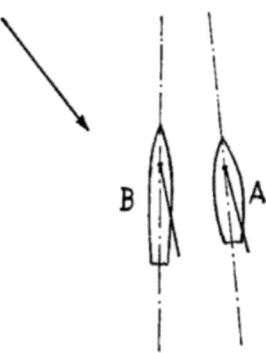

Abb. 93. Höhe am Wind (A) hat Wegerecht.

f) Wenn infolge einer der vorstehenden Vorschriften ein Boot einem anderen aus dem Wege gehen muß, so darf das letztere (vorbehaltlich des unter h) erwähnten Falles) seinen Kurs nicht ändern, so daß es dieses daran hindert.

Wenn auch das Boot, das Wegerecht hat, nicht verpflichtet ist, seinen Kurs zu halten, so darf es ihn doch nicht derart ändern, daß es hierdurch das andere Boot irreführt oder dessen Ausweichmanöver vereitelt.

3. Überholen.

Eine Überlappung zwischen zwei Booten besteht, wenn sie ungefähr denselben Kurs steuern und unter Berücksichtigung der Kurse, die beide Boote segeln, keins von beiden mit seinem Vorsteven oder mit der Nock seines Bugspriets achterlicher als in Höhe der Baumnock oder dem Heck des anderen Bootes liegt.

Wenn zwei Boote auf gleichem oder annähernd gleichem Kurse segeln, so ist das anfänglich klar hinter dem andern liegende von dem Augenblick an als überholendes Boot anzusehen, wo es irgendwie in den Bereich der Gefahr des Zusammenstoßens*) gerät; es gilt als überholendes Boot, bis es

---

*) Der Ausdruck „Gefahr des Zusammenstoßens" wird im weitesten Sinne gebraucht. Die Auffassung, daß Boote sich so nähern, daß eine Gefahr des Zusammenstoßens entsteht, gilt für alle Fälle, wo eins von beiden nicht mit völliger Sicherheit ohne Rücksicht auf die Nähe des anderen Manövrierfreiheit hat. Beispielsweise kann man im allgemeinen nur dann davon sprechen, daß 2 Boote einander gegenüber volle Manövrierfreiheit haben, wenn jedes von ihnen allein oder mit dem andern zugleich jederzeit mit hart gelegtem Ruder einen vollen Kreis nach jeder Seite beschreiben kann, ohne mit dem andern unklar zu kommen. Besteht hierüber irgendein Zweifel, so ist anzunehmen, daß die Gefahr des Zusammenstoßes besteht.

1. klar voraus liegt; dann beginnt es als überholtes Boot zu gelten, oder
2. klar querab liegt, nachdem es sich durch seitliches Ausscheren der Gefahr des Zusammenstoßens entzogen hat, oder
3. soweit achteraus sackt, daß die Gefahr des Zusammenstoßens aufhört, oder
4. eins oder beide Boote über Stag gehen.

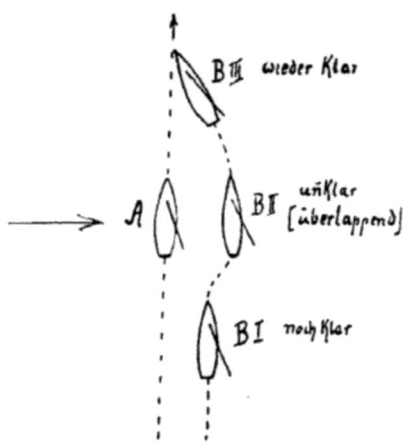

Abb. 94. Überholen in Lee.

(Auf Abb. 94 überholt das Boot B das Boot A. B 1, 2, 3 stellen dabei drei Lagen des Bootes B dar. Zunächst ist B 1 klar hinter A, dann sind B 2 und A in einer „überlappenden" Lage, schließlich ist B 3 wieder klar vor A. Von dem Augenblick an, wo B 1 aufhört, klar hinter A zu sein, bis zu dem, wo es klar vor A ist, heißt B „überholendes" Boot und muß A aus dem Wege gehen.)

g) Ein überholendes Boot muß dem überholten aus dem Wege gehen.

h) Wenn das überholende Boot an dem überholten Boot in Luv (auf der Seite, auf der es nicht seinen Großbaum führt) vorbeizusegeln versucht, dann darf dieses, um es am Überholen in Luv zu hindern, luven, wenn es will, sogar ganz in den Wind drehen, bis es in eine solche Lage kommt, daß sein Vorsteven (oder die Nock seines Bugspriets) das überholende Boot hinter

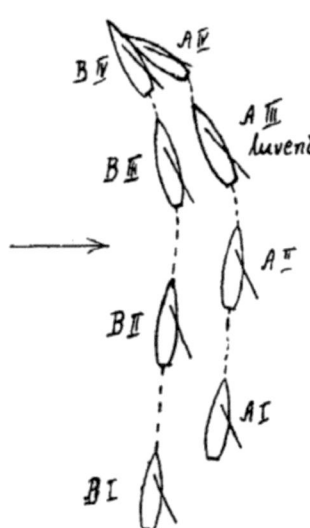

Abb. 95. Überholen in Luv.

den Wanten des Hauptmastes treffen würde. Von da an darf es seinen Kurs beibehalten, es darf aber nicht weiter luven.

(Abb. 95. B geht in Luv von A vorbei. A hat das Recht, noch zu luven, wenn B schon überlappt. B muß ausweichen, A und B sind auf der Skizze in vier Lagen dargestellt. Hat in Lage 4, wo die Boote zusammenstoßen, A das Boot B vor dem Mast berührt, so wird das Boot B ausgeschlossen, da es mitzuluven verpflichtet war. Hat aber A das Boot B hinter dem Mast berührt, so wird A ausgeschlossen, da B dann Kurs zu halten berechtigt war.)

i) Ein Boot darf niemals von seinem richtigen Kurse abfallen, um ein überholendes Boot daran zu hindern, ihm leewärts vorbeizusegeln. Das überholende Boot darf beim Vorbeisegeln in Lee nicht eher luven, um das Luvboot zu stören oder es zur Änderung seines Kurses zu zwingen, als bis es als überholtes Boot gilt. Als Leeseite ist diejenige anzusehen, auf der das führende Boot seinen Großbaum in dem Augenblick führt, wo es aufhört, klar voraus zu sein.

(Vgl. Abb. 94. B geht in Lee von A vorbei. A darf unter keinen Umständen abfallen von dem Augenblick an, in dem B als überholendes Boot gilt.)

Abb. 96. Unklar an der Boje.

4. Raumgeben bei Kursmarken oder Hindernissen im Fahrwasser.

Wenn eine Überlappung zwischen zwei Booten besteht, während beide, ohne wenden zu müssen, im Begriffe sind, ein Hindernis im Fahrwasser zu passieren oder eine Kursmarke auf der vorgeschriebenen Seite zu nehmen, so muß das äußere Boot demjenigen Raum geben, das in Gefahr gerät, die Marke oder das Hindernis zu berühren, gleichviel ob es das Luv- oder Lee-Boot ist. Dabei ist aber immer vorausgesetzt, daß die Boote in dem Augenblick, in dem sie die betreffende Kursmarke oder das Hindernis im Fahrwasser tatsächlich erreichen, nicht klar voneinander sind. Ein überholendes Boot darf nicht mehr versuchen, eine Überlappung herbeizuführen und sich eine Durchfahrt zwischen dem führenden Boot und der Marke oder dem Hindernis zu erzwingen, nachdem das führende Boot die Marke entweder bereits erreicht oder zum Zwecke des Rundens sein Ruder gelegt und dadurch die Rundung begonnen hat. Ein in Fahrt befindliches Fahrzeug, also auch ein im Rennen befindliches anderes Boot, dem das betreffende Boot aus dem Wege gehen muß, gilt als ein Hindernis im Fahrwasser im Sinne dieser Ziffer und der nächsten.

(Diese Vorschrift gibt als Regel an, daß von zwei Booten, die sich, ohne wenden zu müssen, einer Marke oder einem Hindernis nähern und überlappen, das äußere dem inneren Raum geben muß. Auf Abb. 97 muß also das Boot B dem Boot A Raum geben. Dies gilt für fast alle Windrichtungen, wenn sich die Boote in der gezeichneten Lage befinden, anfangend bei dem Beispiel von ungefähr NW-Wind, bei dem B gerade noch die Boje anliegen kann, über W, S, O bis ca.

NO-Wind, bei dem A noch die Boje über B.-B. anliegen kann. Kann A nicht mehr über B.-B. anliegen, wohl aber B, so tritt Ziffer 5 in Kraft.)

Ausnahmen von dieser Regel gibt es nur, wenn die Überlappung erst an der Boje oder unmittelbar vor der Boje eintritt.

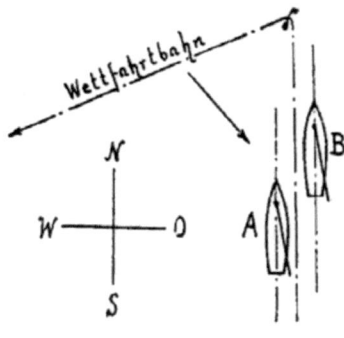

Abb. 97.

Ganz klar ist die Ausnahme, die auf Abb. 98 dargestellt ist, wo das Boot A kurz vor der Boje (A 1) noch hinter B 1 ist und erst, n a c h d e m B d i e B o j e e r r e i c h t h a t (B 2), soweit aufgelaufen ist (A 2), daß die Boote jetzt überlappen. Hier hat A nicht mehr das

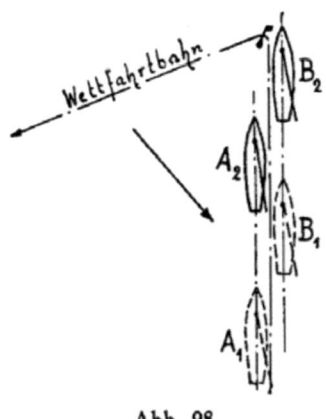

Abb. 98.

Recht, Raum zu beanspruchen, sondern muß ausweichen, und B kann unbehindert runden.

Schwieriger ist die Ausnahme: „nachdem das führende Boot zum Zwecke des Rundens sein Ruder gelegt und dadurch die Rundung begonnen hat".

Hier soll die Abb. 99 Klarheit zu schaffen versuchen. Es kommt hierbei darauf an, wie die Boote zueinander liegen in dem Augenblick, bevor das führende Boot seinen Kurs zum Zwecke des Bojerundens ändert. In dem Beispiel kommen die genau gleich schnellen Boote A und B vor Wind an die Boje. Da B hinter der Boje hart an den Wind muß, hält es nicht genau auf die Marke los, sondern etwas mehr nach rechts, um hinter der Boje keine Höhe zu verschenken. B 1 ist klar vor A 1. Luvt nun dicht vor der Boje B an, so überlappt, ohne daß A schneller läuft als B, das Boot A in der Stellung A 2 das Boot B 2. Trotzdem kann B ungehindert runden und A muß aus-

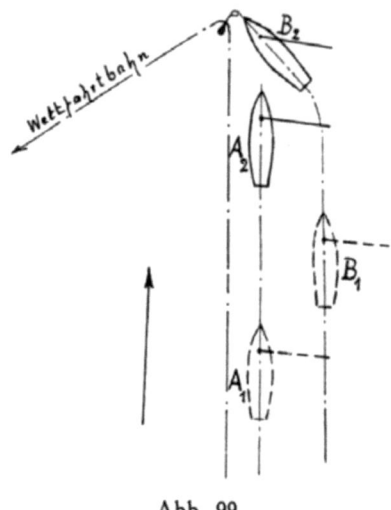

Abb. 99.

weichen. Das Entscheidende für das Wegerecht ist also: War A klar von B, als B anluvte? Ist dies nicht der Fall, so muß B Raum geben. Eine ähnliche Lage ergibt sich bei jeder anderen raumen Windrichtung.

Es muß also in dem Beispiel A, wenn es nicht zu viel verlieren will, immer hinter B herumfallen im Augenblick, wo dieses anluvt; wartet es etwas zu lange, so muß es über Stag gehen und dann halsen, um die Boje zu nehmen.

5. Wenden auf Zuruf.

Wenn sich zwei mit gleichen Schoten beim Winde segelnde Boote dem Ufer oder einem Hindernis im Fahrwasser nähern, das das Leeboot zu einer Kursänderung zwingt, und wenn es die Wendung nicht ausführen kann, ohne mit dem Luvboot zusammenzustoßen, so soll dieses auf Zuruf ihm sofort Raum zum Wenden geben. Das Leeboot ist dann verpflichtet, selbst sofort zu wenden, sobald seinem Zuruf entsprochen wird.

Wenn das Hindernis aber eine Kursmarke ist, so hat das Leeboot nicht das Recht, Raum zu beanspruchen, wenn das Luvboot die Kursmarke, ohne zu wenden, runden kann.

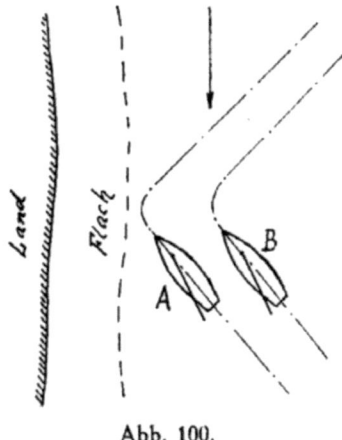

Abb. 100.

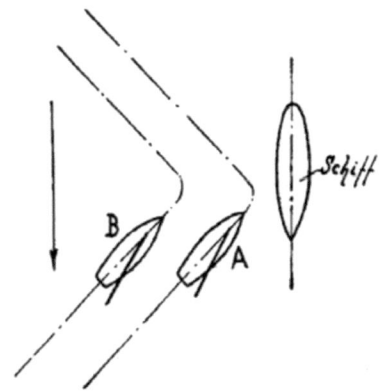

Abb. 101.
(Beide Boote segeln hoch am Winde.)

(Abb. 100 und 101 stellen Beispiele für den ersten Absatz dar. B muß auf Zuruf von A über Stag gehen. A hat sofort ebenfalls zu wenden.

Der letzte Absatz sei ebenfalls an der Abb. 101 erklärt. Ist das dort gezeichnete Hindernis [Schiff, Markboot, Boje] eine Kursmarke, die an St.-B. gelassen gerundet werden soll, so hat A nicht das Recht B zum Wenden zu veranlassen, sondern B kann durchliegen und A muß ausweichen.)